Heilung durch Gebet

Heilungsverständnis und
Heilungspraxis im weltweiten Kontext

Andreas Kusch
Jürgen Kuberski
Roland Scharfenberg

Korntaler Reihe
Band 6

VTR

Bibliographische Information der Deutschen Bibliothek
Die Deutsche Bibliothek verzeichnet diese Publikation in der Deutschen Nationalbibliographie; detaillierte bibliographische Daten sind im Internet über http://dnb.ddb.de abrufbar.

Korntaler Reihe
herausgegeben von der
Akademie für Weltmission Korntal gGmbH
Hindenburgstr. 36
70825 Korntal-Münchingen
Germany

ISBN 978-3-941750-13-5
Bestell-Nr. 860.013

© 2009 Verlag für Theologie und Religionswissenschaft (VTR),
Gogolstr. 33, 90475 Nürnberg, Germany, http://www.vtr-online.de

Bildnachweis:
Bild 1: VEM / W. Krüper
Bild 2: Kusch
Bild 3: Mully Childrens Family

Umschlaggestaltung: VTR
Satz: VTR
Printed in the United Kingdom by Lightning Source UK Ltd.

Inhalt

Geleitwort 5

Zu diesem Buch 7

Teil 1:
Biblische Grundlagen für den Heilungs- und Befreiungsdienst 9

Heilung und Befreiung:
Was wir von den ersten Christen lernen können (Jürgen Kuberski) 11

Heilung und Befreiung:
Jesu Auftrag für seine Gemeinde heute! (Roland Scharfenberg) 23

Teil 2:
Weltweite Praxis des Heilungs- und Befreiungsdienstes 35

Heilung durch Gebet in der Dritten Welt:
Oft im Verborgenen, aber vielfältig praktiziert (Andreas Kusch) 37

Heilung durch Gebet in der Dritten Welt:
Weltbilder, Heilungskonzepte und Erfahrungen (Andreas Kusch) 52

Teil 3:
Zwei Modelle im interkulturellen
Heilungs- und Befreiungsdienst 69

Innere Heilung interkulturell:
Heilung von psychischen Nöten und biografischen Brüchen
(Andreas und Ingeborg Kusch) 71

Interkultureller Befreiungsdienst:
Notwendigkeit, biblischer Kontext und Praxis (Andreas Kusch) 90

Infos über Autoren 109

Geleitwort

Es ist kurz vor Weihnachten. Die Studenten sind alle abgereist. Die Akademie für Weltmission wirkt ein wenig verlassen. Doch an diesem Tag sind die Dozenten noch einmal zusammen gekommen – nicht um Weihnachten zu feiern, sondern um miteinander zu lernen. Wir haben uns selbst einen gemeinsamen Studientag „verordnet". Das Thema: „Heilung". Als Referenten haben wir Dr. Roland Scharfenberg eingeladen. In seiner Dissertation befasste sich der Theologe mit der Thematik „Und wenn Gott nicht heilt". Seine persönlichen Erfahrungen, sein interkultureller Dienst in Südamerika und seine theologische Kompetenz versprechen einen spannenden Studientag.

Die Thematik lässt einige aus unserer Dozentenrunde nicht mehr los. Dieses Thema erscheint vielschichtig, komplex und doch so dicht am Leben eines jeden Menschen dran. Christen, die sich aufmachen, um mit Menschen anderer Kulturen das Leben zu teilen erfahren sehr häufig, wie eng die Themenfelder Krankheit und Religion miteinander verbunden sind. Zugleich gibt es oft hohe Erwartungen an den ausländischen Christ. Anderseits erleben wir Ausländer mancherorts einen sehr frischen, natürlichen und unbekümmerten Umgang mit dem Gebet um Heilung unter jungen Christen.

All diese Facetten der Thematik bilden den Hintergrund für die Entstehung dieses Buches. Ein Teamprojekt einiger Kollegen der Akademie für Weltmission – unter Einbezug unseres damaligen Referenten Dr. Roland Scharfenberg. Vielen Dank, liebe Kollegen, für Eueren zusätzlichen Einsatz!

Wenn Sie auch einen Studientag zum Thema „Heilung" einlegen wollen – dann darf ich Ihnen das hier vorliegende Buch empfehlen. Sie werden eine interessante Vielfalt, klare Fundierung und konkrete Anstöße erfahren.

Gönnen Sie sich Ihren Studientag!
Viel Freude beim Lesen,

Ihr
Traugott Hopp
Rektor der Akademie für Weltmission

Zu diesem Buch

Die vorliegenden Beiträge zu diesem Buch sind aus der Konfrontation mit Krankheit im persönlichen Umfeld der Autoren geboren. Wer so direkt mit dieser Frage in Berührung kommt, muss eine Antwort finden, es sei denn, er hält Gott für viele Bereiche des Lebens nicht zuständig. Und so sind diese Beiträge das Ergebnis einer Suche nach den biblischen Wurzeln von Heilung und Gesundheit, von hoffendem Gebet und Gottes souveräner Führung. Viele Menschen waren an dieser Wanderschaft beteiligt.

Stellvertretend für viele möchten wir die Glaubenszuversicht und Heilungserfahrungen der indonesischen Christen erwähnen, ohne die manches nur Theorie geblieben wäre. So unterschiedlich unsere biografische Annäherung an dieses Thema war: es hat bei allen dazu geführt, dass wir ein stärkeres Vertrauen entwickelt haben, Gott um Heilung von Krankheiten zu bitten. Dafür danken wir unserem Vater im Himmel!

Krankheit und Gesundheit sind ein menschliches Grundthema. Erfreulicherweise gibt es inzwischen eine wachsende Anzahl von Veröffentlichungen, die christliche Heilungserfahrungen schildern und auch theologische Orientierung geben. Wenig Literatur beschäftigt sich jedoch mit dem Heilungsverständnis und der Heilungspraxis im weltweiten Kontext. Hier hoffen wir, einen kleinen Beitrag für die gegenwärtige Diskussion um die Thematik Heilung geben zu können. Wir sind überzeugt davon, dass wir Christen in Deutschland sehr viel von den Christen der Zwei-Drittel-Welt geistlich lernen können.

Ganz bewusst haben wir am Anfang des Buches nach den biblischen Grundlagen für den Heilungs- und Befreiungsdienst gefragt. Denn Gottes Wort soll der Maßstab für die Heilungspraxis sein. Es wird deutlich, dass für die Christen in der Urgemeinde Heilungen normal waren und auch die Gemeinde Christi bis zum heutigen Tage einen Heilungsauftrag hat.

Im zweiten Teil wird aufgezeigt, dass Heilung durch Gebet heutzutage weltweit verbreitet ist, auch wenn sie in vielen Kirchen der Zwei-Drittel-Welt – sieht man einmal von den charismatischen und pfingstlichen Kirchen ab – eher im Verborgenen geschieht. Es wird weiterhin theologisch und praktisch geklärt, wie sich das christliche Heilungsverständnis zum Heilungsverständnis der traditionalen Religionen in der Zwei-Drittel-Welt verhält.

Der abschließende Teil stellt zwei Modelle vor, die Orientierung geben, wie um Heilung gebetet werden kann. Bei psychischen Nöten kann um innere Heilung gebetet werden und bei dämonischer Beeinflussung kommt das Befreiungsgebet zur Anwendung.

Es ist die Hoffnung der Autoren, dass dieses Buch das Vertrauen in den heilenden Christus stärkt und den Lesern Mut macht, selbst für Kranke zu beten.

Andreas Kusch, Jürgen Kuberski und Roland Scharfenberg,
Gomaringen, Korntal und St. Georgen,
im Januar 2009

Teil 1:
Biblische Grundlagen für den Heilungs- und Befreiungsdienst

Jürgen Kuberski

Heilung und Befreiung:
Was wir von den ersten Christen lernen können

Heilung durch die Kraft des Glaubens hat Konjunktur. Nicht nur publikumswirksame Zeitschriften wie die „Apotheken Umschau" sehen einen Zusammenhang zwischen Vertrauen auf Gott und positiven Auswirkungen auf die Gesundheit und das Wohlbefinden.[1] Inzwischen bauen sogar immer mehr Kliniken in den USA sogenannte Geist-Körper-Abteilungen auf, in denen religiöse Praxis und medizinische Therapie zusammenkommen.[2] In dieser Situation einer diffusen Sehnsucht nach Heilung ist es wichtig zu fragen, was die Bibel zu diesem Thema zu sagen hat. Auch wenn sich derzeit nicht wenige Theologen und Gemeinden mit Glaubensheilungen schwer tun[3], so zeigt ein Blick in die Bibel, dass Heilung und Befreiung bei den ersten Christen ein wichtiges Thema war.

Normalität von Heilungswundern bei den ersten Christen

Bei den ersten Christen fanden viele Heilungs- und Befreiungswunder statt. So nennt Lukas in seiner Apostelgeschichte folgende *Einzelheilungen*: Der Gelähmte am Tempel wird durch Petrus geheilt (3,1-10), Paulus wird durch die Handauflegung von Hananias sehend (9,17-19); der gelähmte Äneas in Lydda wird von Petrus geheilt (9,32-35); Tabita wird von Petrus auferweckt (9,36-43), der Gelähmte in Lystra wird durch Paulus geheilt (14,8-18); bei der Magd in Philippi wird durch Paulus ein Wahrsagegeist ausgetrieben (16,16ff); Eutychus wird von Paulus vom Tod auferweckt (20,7-12) und der Vater des Publius auf Melite/Malta wird durch Paulus vom Fieber geheilt (28,8).[4] Darüber hinaus finden sich noch einige *summarische Berichte* über Heilungen und Wunder in der Apostelgeschichte, so in Verbindung mit den Aposteln (2,43; 5,12; 5,14-16); mit Stephanus (6,8); Philippus (8,6-8.13); Paulus und Barnabas (14,3; 15,12) und Paulus alleine (19,11-12, 28,9).

Doch es ist anzunehmen, dass bei den ersten Christen noch mehr Heilungen und Wunder geschahen als in der Apostelgeschichte beschrieben werden. So berichten Paulus und Barnabas nach ihrer ersten Missionsreise in Jerusalem, „wie große Zeichen und Wunder Gott durch sie getan hatte unter den Heiden" (Apg 15,12) – wobei Lukas bis dahin nur ein Wunder (Apg 13,8-12) und eine Heilung (Apg 14,8ff) berichtet hatte. Schon von daher ist anzunehmen, dass durch Paulus und Barnabas noch mehr Heilungen und Wunder geschehen sind als in der Apostelgeschichte erwähnt werden. Dies wird in den Briefen bestätigt.[5] Paulus schreibt später den Korinthern[6], unter ihnen seien „die Zeichen eines Apostels" geschehen, „mit Zeichen und mit Wundern und mit Taten" (2.Kor 12,12), wobei die Apostelgeschichte jedoch von keinen Wundern in Korinth berichtet. Auch lässt sie die „Zeichen und Wunder" aus, die durch Paulus auf einer Reise „bis nach Illyrien" geschehen sind (Röm 15,19).[7] In 1.Thess 1,5 schreibt Paulus, dass seine Verkündigung des Evangeliums in Thessalonich nicht nur mit dem Wort, sondern auch „in der Kraft und im Heiligen Geist" erfolgt sei. Damit können auch Krafttaten wie Heilungen gemeint sein, aber davon ist jedenfalls nichts in der Apostelgeschichte zu lesen (Apg 17,1-9). Wenn man sieht, wie viele Heilungen und Befreiungen bei den ersten Christen stattfanden, ist es erstaunlich, wie wenig Untersuchungen es zu diesem Thema gibt.[8]

Jesus als Vorbild für seine Jünger beim Heilungsdienst

Wer die Heilungen der Apostelgeschichte näher betrachtet, wird feststellen, wie viele Parallelen es dabei zum Lukasevangelium gibt. Die Geister von Besessenen rufen (Lk 4,33.41; Apg 16,16); jemand wird vom Fieber geheilt (Lk 4,38ff; Apg 28,8); Gelähmte werden geheilt (Lk 5,18ff; Apg 3,1ff; 9,32; 14,8); ein junger Mann wird vom Tod auferweckt (Lk 7,11ff; Apg 20,8); ein Mädchen bzw. eine Frau wird auferweckt (Lk 8,49ff; Apg 9,36); heilende Kraft wird durch Kleidung übertragen (Lk 8,43ff; Apg 19,11-12) und ein Blinder wird geheilt (Lk 18,35ff; Apg 9,17-19). Auch die summarischen Berichte von Heilungen bei Lukas (Lk 4,40-41; 5,15; 6,18-19; 7,21-22; 8,2; 9,11; 13,32) ähneln denen der Apostelgeschichte (s. o.). Dadurch macht Lukas einmal mehr deutlich, dass die Apostel die Jünger und legitimen Nachfolger von Jesus Christus sind, in seiner Kraft wirken und wie ihr Meister Wunder tun (vgl. Apg 1,1-3.8). Was ihr Meister sie lehrte und ihnen vormachte, setzten sie später auch konsequent um.

Ist die Heilungsbeauftragung auf die Apostel beschränkt?

Die Mehrzahl der in der Apostelgeschichte berichteten Heilungen und Wunder geschahen durch die Apostel, vor allem durch Petrus und Paulus. Manche Ausleger vertreten nun die Meinung, dass diese Heilungen und Wunder als „Zeichen des Apostels" (2.Kor 12,12) anzusehen sind, die die Apostel als solche legitimieren. Zeichen und Wunder und mit ihnen Heilungen seien von daher nicht Allgemeingut aller Christen gewesen, und da die Zeit der von Jesus eingesetzten Apostel aufgehört habe, auch heute nicht mehr zu erwarten.[9]

Dem widerspricht jedoch, dass die Apostelgeschichte auch Heilungen und Wunder im Zusammenhang mit Jüngern beschreibt, die nicht zu den zwölf Apostel gehörten, so Stephanus (Apg 6,8); Philippus (8,6-8.13); Hananias (9,17-19), Barnabas (14,3; 15,12) und letztlich auch Paulus (14,3.8-18; 15,12; 16,16ff; 19,11-12; 20,7-12; 28,8-9). Lukas will offenbar betonen, dass nicht nur die Zwölf besondere Heilungsgaben haben, sondern die Vollmacht zu heilen allen seinen Jüngern gegeben ist, wie dies bei der Aussendung der 72 Jünger deutlich wird

(Lk 10,1ff.9). Wenn er die Nachfolger Jesu in der Apostelgeschichte oft als „Jünger" bezeichnet, scheint er damit auch nahezulegen, dass auch sie diese Vollmacht haben. Dies wird besonders im Bericht über die Heilung des Paulus durch den sonst unbekannten „Jünger" Hananias deutlich (9,17ff).

In der Apostelgeschichte werden Wunder jedenfalls eindeutig nicht auf Apostel beschränkt, und dies wird in den Briefen bestätigt. So nennt Paulus im 1.Korintherbrief die „Kraft, Wunder zu tun" („*dynameis*") (1.Kor 12,28) und die „Gaben der Krankenheilungen" („*charismata iamatôn*") (1.Kor 12,9.28.30) als Gaben, die der Gemeinde gegeben wurden. Oder er schreibt von den „Krafttaten" („*dynameis*"), die in den galatischen Gemeinden geschehen (Gal 3,5). Auch zeigt Jak 5,14-15, dass die ersten Christen mit Heilungen rechneten, hier durch die Ältesten, die für Kranke beteten und sie mit Öl salbten. Somit ergibt sich das Bild, dass in den ersten Gemeinden an vielen Orten Heilungen und Wunder auch ohne Zutun der Apostel geschahen.[10]

In diesem Zusammenhang wird immer wieder argumentiert, dass Heilungen und Wunder schon zur Zeit der Apostel weniger geworden seien: „Von der gesamten Zeitspanne von etwa 30 Jahren, die die Apostelgeschichte umfasst, sind nur 16 Heilungen biblisch überliefert".[11] oder: „In der Apostelgeschichte, die in ihrer Berichterstattung einen weitaus längeren Zeitraum als die Evangelien umfasst, finden wir nur sieben Heilungsberichte".[12] Doch abgesehen von der unterschiedlichen Zählung der Heilungen übersieht man auch dabei, dass es sich bei einigen Stellen um summarische Berichte handelt, also dass die *Heilungen* weitaus mehr waren als die *Berichte* darüber. Auch geht diese Auffassung davon aus, dass alle geschehenen Heilungen und Wunder auch in der Apostelgeschichte berichtet wurden – dem ist jedoch nicht so, wie wir oben gesehen haben.

Und selbst wenn Heilungen und Wunder weniger geworden wären, können wir nicht daraus schließen, dass sie ganz aufgehört haben. Dies wäre nur nachvollziehbar, wenn aus einer Stelle des Neuen Testaments eindeutig hervorginge, dass Zeichen und Wunder aufhören würden.[13] Doch einen derartigen Beleg gibt es nicht. Außerdem sind durchaus andere Gründe denkbar, warum gegen Ende der Apostelgeschichte weniger Wunder berichtet werden: Zum Beispiel beschreibt Lukas oft ein Ereignis, das er zum ersten Mal berichtet, recht ausführlich und scheint danach vorauszusetzen, dass der Leser die im folgenden nur kurzen Angaben selbst angemessen ausfüllen kann. Somit müssen wir eher davon ausgehen, dass zur Zeit der ersten Christen Heilungen und Wunder nicht weniger wurden, sondern weiter vorkamen.

Das Verhältnis von Verkündigung und Heilung

In der Apostelgeschichte wird an mehreren Stellen berichtet, wie Heilung im Kontext der evangelistischen Verkündigung geschieht (Apg 3,1ff; 8,5ff, 8,12-

13; 14,3; 14,8f, 19,10-12; 20,7-12); zwei mal werden Bekehrungen als Folge von Heilungen beschrieben (9,32f; 36ff). Als die ersten Christen um Freimut zur Verkündigung beteten, baten sie auch darum, dass Gott Heilungen, Zeichen und Wunder geschehen lässt (4,29-30). Sie haben mit Gottes besonderem Eingreifen und mit Heilungen gerechnet und diese offenbar als Unterstützung der Verkündigung angesehen. Darüber hinaus war Heilung mindestens teilweise auch ein Inhalt der evangelistischen Verkündigung. So beschreibt Petrus in seiner Ansprache im Haus des Kornelius Jesus als einen, der umherzog, Gutes tat und „alle gesund gemacht, die in der Gewalt des Teufels waren" (Apg 10,38). Jesus wurde von den ersten Christen auch als Heiler verstanden und entsprechend verkündigt. Und wenn berichtet wird, dass der Gelähmte in Lystra, der hörte, „wie Paulus die Gute Nachricht verkündete", „das feste Vertrauen hatte, geheilt zu werden" (Apg 14,9; GNB), dann setzt das voraus, dass Paulus in seiner Verkündigung in Lystra auch über Heilung gesprochen hat.[14]

Jedoch berichtet die Apostelgeschichte auch, dass das Evangelium wirksam verkündigt wurde, ohne dass Wunder und Heilungen geschahen, wie zum Beispiel in Antiochia (Pis.), Beröa oder Athen (Apg 13,13ff; 17,10ff.16ff). Heilung, Befreiung und Wunder wirkten demnach unterstützend, aber waren nicht notwendig oder unbedingt anzustreben für eine erfolgreiche Evangeliumsverkündigung.[15] Die Priorität lag eindeutig auf der Verkündigung, nicht auf Heilungen und Wundern, zumal diese den Jüngern nicht verfügbar waren.

Heilung geschieht im Namen Jesu

Wenn man bedenkt, dass in der Apostelgeschichte viel vom Heiligen Geist die Rede ist, der die Jünger erfüllt, mit Kraft ausrüstet, führt usw. – dann könnte man annehmen, dass der Heilige Geist auch die treibende Kraft bei Heilungen ist. Doch wird an keiner Stelle erwähnt, dass der Heilige Geist heilt – während aber immer wieder betont wird, dass Jesus heilt. Dies wird bei der ersten Heilung, die ausführlich berichtet wird, an mehreren Stellen deutlich. Petrus spricht zum Gelähmten an der Tempeltür: „Im Namen Jesu Christi, des Nazoräers: Geh umher!" (Apg 3,6). Er betont dann in der darauf folgenden Verkündigung: „Und durch den Glauben an seinen Namen hat sein Name diesen, den ihr seht und kennt, stark gemacht" (3,16). Als Petrus später vom Hohen Rat gefragt wird, „in welcher Kraft oder in welchem Namen" er dies getan habe (4,7), antwortet er: „Wenn wir heute über die Wohltat an einem kranken Menschen verhört werden, wodurch dieser geheilt worden ist, so sei euch allen und dem ganzen Volk Israel kund: Im Namen Jesu Christi, des Nazoräers, den ihr gekreuzigt habt, den Gott auferweckt hat aus den Toten – in diesem (Namen) steht dieser gesund vor euch" (4,9-10). Das Verbot des Hohen Rats, nicht mehr „in diesem Namen" zu reden und zu lehren (4,17-18; 5,28.40) zeigt, dass sie die Bedeutung des Namens Jesu für die ersten Christen erkannt hatten und die Folgen fürchteten.

Nach Roloff geht es daher nicht nur um das Lehren in Jesu Namen: „Den Jüngern soll die Nennung des Namens Jesu in der Öffentlichkeit, und zwar – so ist wohl der Satz gemeint – sowohl als Gegenstand der Predigt wie auch als wunderwirkende Macht untersagt werden".[16]

Die erste Gemeinde betet dann auch darum, dass „Zeichen und Wunder geschehen durch den Namen deines heiligen Knechtes Jesus" (Apg 4,30) – man war sich deutlich bewusst, dass alle Heilungen, Zeichen und Wunder im Namen Jesu geschahen und man rechnete ganz fest damit.

Bei der Heilung des Äneas spricht Petrus zu ihm: „Jesus Christus heilt dich" (Apg 9,34) und über die Verkündigungstätigkeit von Paulus und Barnabas heißt es in Bezug auf den Herrn (Jesus) „er legte Zeugnis ab für das Wort seiner Gnade, indem er durch die Hände der Apostel Zeichen und Wunder geschehen ließ" (Apg 14,3b). Paulus treibt den Wahrsagegeist in Philippi mit den Worten aus: „Ich gebiete dir im Namen Jesu Christi, von ihr auszufahren!" (Apg 16,18). Lukas berichtet auch von jüdischen Exorzisten in Ephesus, die versuchen, Dämonen durch die Nennung des Namens Jesu auszutreiben, aber dabei kläglich scheiterten (Apg 19,13ff). Der Bericht macht allerdings auch deutlich, dass es bei Heilung und Befreiung im Namen Jesu nicht um die Anwendung einer magische Formel geht: Wer keine Jünger-Beziehung zu Jesus hat, der hat auch keine Vollmacht (Apg 19,15).

Es fällt auf, wie sehr Lukas betont, dass Heilung und Befreiung im Namen Jesu geschah. Dies passt auch zur Konzeption der Apostelgeschichte, die zeigen will, wie Jesus nach seiner Himmelfahrt durch seine Jünger (und den Heiligen Geist) weiter wirkt (Apg 1,1ff). Was Jesus angefangen hat, wird durch seine Jünger, d. h. die ersten Christen, weitergeführt. Auch macht Lukas damit immer wieder deutlich, dass die ersten Christen nicht aus eigener Kraft agieren, sondern als Jünger Jesu in seinem Auftrag und in seiner Vollmacht handeln.

Heilung geschieht in der Kraft Jesu

Die Heilungen in der Apostelgeschichte geschahen immer in der Kraft („*dynamis*") Jesu bzw. des Heiligen Geistes.[17] Petrus betont, die Heilung des Gelähmten sei „nicht aus eigener Kraft" geschehen (Apg 3,12). Für den Hohen Rat ist die Kraft, aus der heraus die Heilung geschah, gleichbedeutend mit dem Namen, in dem sie geschah (Apg 4,7). Überhaupt bedeutet „Kraft" häufig die wunderwirkende bzw. heilende Kraft Gottes. So bei Stephanus, der „voll Gnade und Kraft" war und „Wunder und große Zeichen" tat (Apg 6,8), oder Philippus, dessen „Krafttaten" („*dynameis*") der „Kraft" des Magiers Simon gegenübergestellt wird (Apg 8,13.10). Petrus beschreibt Jesus in seiner Verkündigung als „mit heiligem Geist und Kraft gesalbt", in der er umhergezogen ist, Gutes tat und „alle gesund machte, die in der Gewalt des Teufels waren" (Apg 10,38). Hier ist die Kraft Gottes gleichzeitig eine heilende und befreiende Kraft.

Auch im Lukasevangelium wird an manchen Stellen „Kraft" als wunderwirkende Kraft beschrieben (Lk 4,36; 5,17; 8,46, 9,1). Es fällt auf, dass Lukas beschreibt, wie Jesus seinen Jüngern „Kraft und Vollmacht" (*„dynamis kai exousia"*) über böse Geister und Krankheiten gibt, während bei Matthäus und Markus nur von „Vollmacht" (*„exousia"*) die Rede ist (Mt 10,1; Mk 6,7).

So ist durchaus möglich, dass auch bei anderen Erwähnungen von „Kraft" auch die Bedeutung „wunderwirkende Kraft" mitschwingt, auch wenn Heilungen und Wundern nicht direkt im Kontext genannt werden. Zum Beispiel bei der Ankündigung Jesu, dass die Jünger mit der „Kraft aus der Höhe" erfüllt würden (Lk 24,49), die ihre Entsprechung im Leitvers der Apostelgeschichte hat: „Ihr werdet die Kraft des Heiligen Geistes empfangen ..." (Apg 1,8). Der weitere Verlauf der Apostelgeschichte zeigt, dass sich diese Kraft auch als „wunderwirkende Kraft" zeigte. Die mögliche Bedeutung von *„dynamis"* als „wunderwirkende Kraft" wird auch darin deutlich, dass der Plural des Wortes (*„dynameis"*) die Bedeutung „Krafttaten" im Sinne von Wunder und Zeichen hat (Lk 10,13; 19,37; Apg 2,22; 8,13).

Lukas betont: Die Jünger bzw. Apostel haben von Jesus Kraft und Vollmacht bekommen, zu heilen und Geister auszutreiben (Lk 9,1ff; vgl. Apg 1,8) – und diese kommt in ihrem Dienst auch immer wieder zum Tragen. Es ist jedoch nicht eine ihnen selbst innewohnende Kraft, sondern die Kraft Jesu, aus der heraus sie in seinem Namen wirken.

Wie geschah Heilung praktisch?

Die Apostelgeschichte nennt verschiedene Arten, durch die Heilung erfolgte. Zunächst wird betont, dass der *Glaube an Jesus* eine wichtige Voraussetzung für Heilung ist. Petrus betont: „Und durch den Glauben an seinen Namen hat sein Name diesen, den ihr seht und kennt, stark gemacht; und der Glaube, der durch ihn gewirkt ist, hat diesem die Gesundheit gegeben vor euer aller Augen" (Apg 3,16). Auch bei der Heilung des Gelähmten in Lystra durch Paulus wird betont, dass dieser „glaubte, ihm könne geholfen werden" (Luther, Apg 14,9).[18]

Die *Berührung*, insbesondere die *Handauflegung* wird mehrfach erwähnt: Petrus reicht dem Gelähmten die Hand (3,7) und Paulus umfasst den toten Eutychus (20,7). Hananias legt Paulus die Hände auf (Apg 9,12.17) wie auch Paulus dem Vater des Publius (Apg 28,8). An zwei Stellen wird von einem *Gebet* vor der Heilung berichtet: Petrus bei der Auferweckung der Tabita (9,40) und Paulus beim Vater des Publius (28,8). Einmalig sind jeweils erwähnt: Der *Schatten* des Petrus, der Kranke gesund machte (5,15-16) und die *Schweißtücher* des Paulus, durch die Kranke gesund werden (19,11).

Am häufigsten jedoch ist das *befehlende Wort* zu finden: Petrus spricht zum Gelähmten: „Steh auf und geh umher" (Apg 3,6), zu Äneas in Lydda und zu

Tabita: „Steh auf" (9,34.40). Paulus spricht zum Gelähmten: „Steh auf, stell dich ..." (14,10) und zum Wahrsagegeist: „Ich befehle dir ... Fahre aus!" (16,18). Dies hat deutliche Parallelen in den Heilungen durch Jesus.[19] Jesus und seine Jünger heilten oft durch das befehlende Wort – von daher ist es eigentlich erstaunlich, dass diese Form im heutigen Heilungs- und Befreiungsdienst so wenig vorkommt. So schreibt Ken Blue: „Als ich das Neue Testament las, war ich anfangs aufgewühlt darüber zu sehen, dass Jesus auf ganz andere Weise die Kranken heilte und Dämonen austrieb als wir dies heute tun. Jeder Heilungsdienst, den ich kenne, basiert hauptsächlich auf Gebet. Jesus hat hauptsächlich durch Befehl geheilt. Anders als seine Nachfolger heute hat er nicht um Heilung gebetet – er hat sie ausgesprochen".[20]

Als evangelikale Christen müssen wir uns die Frage stellen, warum wir dem Vorbild von Jesus und seinen Aposteln nicht auch in diesem Punkt mehr folgen.

Magische Heilungspraktiken in der Bibel?

Bei den vielen Berichten über Heilungen in der Apostelgeschichte sind auch einige dabei, die uns heute vielleicht befremdlich vorkommen, wie zum Beispiel der Heilungs- und Befreiungsdienst von Paulus in Ephesus: „Gott ließ durch Paulus ganz ungewöhnliche Dinge geschehen. Die Leute nahmen sogar seine noch schweißfeuchten Kopf- und Taschentücher und legten sie den Kranken auf. Dann verschwanden die Krankheiten, und die bösen Geister fuhren von den Besessenen aus" (Apg 19,11-12). Auch bei Jesus wurden manche Menschen dadurch geheilt, dass sie die Kleidung von ihm anfassten (Lk 8,44ff; Mt 14,36). Wenn Jesus erklärte, er spürte ein Kraft („*dynamis*") von ihm ausgehen, als die blutflüssige Frau seine Kleidung berührte (Lk 8,46), dann liegt der Gedanke nahe, dass die Kleidung von Jesus die heilenden Kraft, die in Jesus wohnte, weiterleitete oder gar speicherte. Dieses Erklärungsmodell ist auch bei den Schweißtüchern des Paulus, mit denen Kranke geheilt wurden, angebracht.[21] Wenn manche Christen derartige Praktiken bei heutigen Heilungsevangelisten als „magische" oder „animistische Praktik" ablehnen, dann ist das von unserem heutigen Weltbild her verständlich.

Doch im Blick auf den genannten Bericht der Apostelgeschichte sollten wir mit einem allzu schnellen Urteil vorsichtiger sein: Die Heilung und Befreiung von Kranken und Besessenen durch Schweißtücher von Paulus mag uns vielleicht befremdlich vorkommen, ist jedoch eindeutig Gottes Wirken. Die Bibel bezeugt immer wieder, dass Gott auf viele Arten und Weisen wirkt und sich mit seinem Handeln nicht in ein Schema pressen lässt. Jedenfalls konnten die ersten Christen magisches Denken und damit verbundene Praktiken gut von Gottes Wirken unterscheiden, wie die Beispiele von Simon (Apg 8,9ff.18ff), Barjesus/Elymas (Apg 13,6ff) und von den jüdischen Exorzisten (Apg 19,13ff) zeigen.

Wenn uns manche biblische Praktiken heute befremdlich erscheinen, dann sagt das viel über unser Weltbild aus, das oft mehr durch den Rationalismus als durch eine biblische Weltsicht geprägt ist. Jedenfalls finden wir keinen Hinweis im Neuen Testament, dass jemand aufgrund seiner Heilungspraktik beurteilt wird. Stattdessen sollen wir Menschen, die in Jesu Namen prophezeien oder Wunder wirken, vielmehr anhand ihrem Lebenswandel und ihrer geistlichen Frucht beurteilen (Mt 7,15-23).[22]

Wie geschah Befreiung von bösen Geistern?

In der Apostelgeschichte wird an einigen Stellen summarisch genannt, dass Menschen von bösen Geistern befreit wurden: Durch Petrus wurden einige von bösen Geistern Besessene befreit (Apg 5,16); beim Dienst des Philippus fuhren böse Geister aus Menschen aus (Apg 8,7) und in Ephesus wurden böse Geister sogar durch das Auflegen von Schweißtüchern des Paulus ausgetrieben (Apg 19,12). Ein etwas ausführlicherer Bericht handelt von der Austreibung eines Wahrsagegeistes bei einer Magd in Philippi (Apg 16,16ff). Hier werden verschiedene Punkte deutlich: Geister können Menschen in Besitz nehmen, durch sie rufen und in ihnen übermenschliche Fähigkeiten bewirken. Die Fähigkeiten der Magd, zu wahrsagen, waren so markant, dass sie von ihren Herren als Einnahmequelle genutzt werden konnten. Über die Inhalte ihrer Wahrsagerei wird nichts ausgesagt, doch die Sätze, die sie über Paulus und seine Begleiter ausruft, erweisen sich jedenfalls als zutreffend: „Diese Leute sind Diener des höchsten Gottes! Sie zeigen euch den Weg zur Rettung" (Apg 16,17). Dass böse Geister durchaus richtige Dinge weitergeben, hat Lukas bereits in seinem Evangelium berichtet (Lk 4,33.41). Doch wie Jesus lässt sich Paulus auf kein Gespräch mit dem Dämon ein, sondern verbietet dem betreffenden Geist, weiter zu sprechen. Paulus hat sich das Rufen der Magd bzw. des Wahrsagegeistes jedoch einige Tage gefallen lassen bevor er dagegen vorging. Wollte Paulus der Konfrontation mit Geistern zunächst aus dem Weg gehen? Jedenfalls suchte er sie nicht aktiv, wie dies von Vertretern der „geistlichen Kampfführung" und des „Power Evangelism" offenbar nahegelegt wird.[23]

Als Paulus den Geist konfrontiert, geschieht dies mit einem deutlichen Befehl („Ich befehle dir ... Fahre aus!") und zwar im Namen Jesu – wozu oben bereits näheres gesagt wurde. Bei dieser Begegnung der Macht Gottes mit der Macht der bösen Geister („Power Encounter") zeigt sich: Jesus hat Macht über die bösen Geister und seine Nachfolger haben ebenfalls die „Kraft und Vollmacht", Geister auszutreiben (Lk 9,1). Allerdings hatte dieses „Power Encounter" keine positiven Folgen, sondern führte zur Auspeitschung und zum Gefängnisaufenthalt von Paulus und Silas – wie auch sonst Wunder und Heilungen nicht zwangsläufig Glauben bewirken (vgl. Apg 5,17ff; 6,8ff; 14,8ff). Wer im Befreiungsdienst tätig ist, muss auch mit möglichen negativen Folgen rechnen.

Ein Negativ-Beispiel einer Dämonenaustreibung

In der Apostelgeschichte (Apg 19,13-17) wird berichtet, wie jüdische Exorzisten den Namen Gottes und magische Formeln benutzten, um Dämonen auszutreiben. Offenbar war die Praxis, Dämonen im Namen Jesu auszutreiben, bei Paulus und anderen Christen so gebräuchlich, dass jüdische Exorzisten diese Vorgehensweise von ihnen kennen gelernt und übernommen hatten. Doch bei dem Versuch einer Austreibung werden sie von den Dämonen verlacht (wobei diese indirekt Paulus und Jesus bezeugen) und vom Besessenen tätlich angegriffen. Auch hier wird deutlich: Dämonen können Menschen übermenschliche Kräfte verleihen und wissen um Jesus und um die Vollmacht seiner Jünger. Doch eine Verwendung des Namens Jesu ohne Beziehung zu ihm ist Missbrauch. „Im Namen Jesu" ist eben keine magische Formel, sondern Ausdruck einer persönlichen Beziehung zu Jesus und Hinweis auf die von ihm geschenkte Vollmacht.

Interessant ist auch, in welchem Kontext der Bericht von der missglückten Dämonenaustreibung eingerahmt ist: Zuvor wird von ungewöhnlichen Dingen berichtet, die durch Paulus geschahen (Heilung durch Schweißtücher; Apg 19,11-12), danach davon, dass die gläubig gewordenen Christen ihre Zauberbücher verbrannten (Apg 19,18-20). Ephesus war bekannt als Stadt der magischen Künste[24], und gerade hier wirkte Gott durch außergewöhnliche Wunder. Gott sprach damit die Sprache, die man in Ephesus verstand. In der Stadt, in der die Macht des Okkulten so präsent war wie kaum anderswo, zeigte Gott seine Macht auf ganz spektakuläre Weise. Dabei wird deutlich: Eine Verwechslung der Kraft Gottes mit magischen Praktiken oder Zauberei ist nicht möglich, im Gegenteil: Die ersten Christen wanden sich radikal und konsequent von allem ab, was mit magischem Tun oder Denken zu tun hat und konnten dies von Gottes Wirken unterscheiden (vgl. Apg 8,9ff; 13,6ff). Zur Befreiung vom Okkultismus gehört die deutliche Abkehr von allem, was eine Bindung daran verursachen kann. Die ersten Christen wussten um die heilende und befreiende Kraft Jesu und konnten sich daher von Zauberei und allen Bindungen daran trennen.

Das Vorbild der ersten Christen für uns heute

Zunächst ist einem weit verbreiteten Missverständnis zu begegnen. Lukas will in der Apostelgeschichte nicht primär Verhaltensregeln für Christen liefern oder dogmatische Ausführen geben. Hingegen handelt es sich um Berichte über die ersten Christen und ihren Kontext, die vor allem als Berichte (deskriptiv) und nicht als Vorschriften (präskriptiv) zu verstehen sind. Die Apostelgeschichte ist daher weder ein „Handbuch für Gemeindegründung" noch ein „Handbuch für Heilung und Dämonenaustreibung".[25] Der Hauptzweck der Apostelgeschichte besteht darin, die Ausbreitung der Botschaft von Jesus und der Christen aufzuzeigen. Lukas beschreibt, wie das Handeln und die Verkündigung von Jesus (wovon er in seinem Evangelium berichtete), sich nach der Himmelfahrt Jesu weiter fortsetzte. Doch auch wenn die Berichte der Apostelgeschichte nicht normativ zu verstehen sind, können wir sie oft als Vorbilder verstehen. Sie zeigen uns die Theologie und Praxis der ersten Christen auf, die von uns auch so umgesetzt werden können – je nach unserem jeweiligen Kontext auch in einer anderen Weise. Lassen wir zu, dass die Berichte der Apostelgeschichte sowohl unsere Theologie als auch unsere Praxis in Frage stellen? Unsere Untersuchung zu Heilung und Befreiung bei den ersten Christen liefert dazu einige Punkte:

Bei den ersten Christen kamen Heilungen und Befreiungen häufig vor, nicht nur in Verbindung mit den zwölf Aposteln. Die Parallelen zum heilenden und befreienden Dienst von Jesus zeigen, dass die ersten Christen das Handeln Jesu als seine Nachfolger fortsetzten. Wenn sie „im Namen Jesu" heilten und Dämonen austrieben, macht das deutlich, dass sie nicht aus eigener Kraft handelten sondern von Jesus dazu bevollmächtigt waren und seine wunderwirkende Kraft durch sie wirkte. Heilungs- und Befreiungswunder unterstützten oft die Verkündigung und hatten meistens die Folge, dass sich das Wort Gottes noch weiter ausbreitete (Power Evangelism), waren aber keine notwendige Begleiterscheinung der Evangeliumsverkündigung. Die ersten Christen rechneten damit, dass Gott Heilungen und Wunder geschehen ließ und baten Gott konkret darum.

Die Jünger ahmten Jesus nach – auch in ihrer Art, zu heilen und Dämonen auszutreiben – und nutzten dazu verschiedene Methoden, unter anderem das befehlende Wort. Auch wenn uns manche Heilungen und Befreiungen heute als ungewöhnlich erscheinen, können sie nicht mit magischen Praktiken verwechselt werden. Die Verkündigung des Evangeliums ist zugleich ein Kampf gegen die Macht Satans (vgl. Apg 26,18) und geht oft mit Befreiung von dämonischen Mächten einher. Die ersten Christen rechneten mit einem „Power Encounter" und betrieben eine Art „geistliche Kampfführung", aber suchten solche Konfrontationen nicht aktiv. Die Priorität hatte immer die Verkündigung des Evangeliums.

Insgesamt wird deutlich, wie sehr die ersten Christen mit der wunderwirkenden Kraft Gottes rechneten und Heilung und Befreiung bei ihnen eine nicht zu unterschätzende Bedeutung hatte. Wer sich intensiver mit der Theologie und Praxis der ersten Christen beschäftigt, muss damit rechnen, auch einige überraschende Entdeckungen zu machen.

---

[1] "Glaube und Medizin" *Apotheken Umschau* (2006)12:75-78.
[2] Jong, Theresa Maria de. „Glaube, Hoffnung, Heilung" *Psychologie heute* (2005) 3:21-25.
[3] Seitz, Manfred. „Die vernachlässigte Dimension. Der Auftrag zu heilen in Medizin und Theologie" *Confessio Augustana* (2004) 11:40-48.
[4] Nicht als Heilung gerechnet werden der nicht tödlich ausgehende Schlangenbiss bei Paulus (Apg 28,1-6) sowie der Bericht vom scheinbaren Tod des Paulus durch Steinigung in Lystra (Apg 14,19ff).

⁵ Vgl. zum Folgenden auch Scharfenberg, Roland. *Wenn Gott nicht heilt. Theologische Schlaglichter auf ein seelsorgerliches Problem*. Nürnberg: VTR, 2005, S. 181ff.

⁶ Der 2.Korintherbrief wurde wahrscheinlich im Jahr 56 n.Chr geschrieben (vgl. Apg 20,1; 2.Kor 2,12); vgl. Mauerhofer, Erich. *Einleitung in die Schriften des Neuen Testaments*. Bd. 2. Nürnberg: VTR / Hamburg: RVB, ³2004, S. 99.

⁷ Der Römerbrief wurde wahrscheinlich im Jahr 57 n.Chr. während der dritten Missionsreise von Paulus geschrieben; vgl. Mauerhofer. Einleitung. S. 112; vgl. auch Eckhard Schnabel, der die Missionseinsatz in Illyrien in den Sommer des Jahres 56 datiert (*Urchristliche Mission*. Wuppertal: Brockhaus, 2002, S. 1193ff).

⁸ Michael Green, der in seinem Buch „*30 years that changed the world. A fresh look at the book of Acts*" (Leicester: IVP, 2002) viele Aspekte des Lebens und der Theologie der ersten Christen beschreibt, behandelt jedoch nicht den Aspekt Heilungen und Wunder. Auch geht Eckhard Schnabel in seinem umfangreichen Werk „*Urchristliche Mission*" (Wuppertal: Brockhaus, 2002) nur peripher auf die Heilungen und Wunder bei den ersten Christen ein, obwohl diese für die Ausbreitung des Evangeliums eine wichtige Rolle spielten.

⁹ Diese Sicht wird auf Englisch als „Cessationist View" bezeichnet und u. a. von folgenden Autoren vertreten: Warfield, Benjamin B.. *Miracles – yesterday and today, real and counterfeit*. Grand Rapids: Eerdmans, 1954; Richard Gaffin (vgl. seine Beiträge in: Grudem, Wayne (Ed.). *Are miraculous gifts for today? 4 Views*. Grand Rapids: Zondervan, 1996); Mayhue, Richard. *Dein Glaube hat dich geheilt*. Bielefeld: CLV, 1999; Bühne, Wolfgang. *Dritte Welle ... gesunder Aufbruch?*. Bielefeld: CLV, 1993.

¹⁰ Auch ist die herkömmliche Gleichsetzung von „Zeichen und Wundern" als „Zeichen des Apostels" in 2.Kor 12,12 zu hinterfragen („Die Zeichen des Apostels sind ja unter euch vollbracht worden in allem Ausharren, in Zeichen und Wundern und Machttaten"."): „Zeichen und Wunder und Machttaten" stehen im Dativ und sind eher Begleiterscheinungen der „Zeichen des Apostels" (Nominativ), aber nicht damit gleichzusetzen. So nennt Paulus im 2. Korintherbrief noch andere Kennzeichen seiner Apostelschaft. So sind Zeichen und Wunder nicht die einzigen „Zeichen eines Apostels", auch sind sie an keiner Stelle nur auf Apostel beschränkt. Vgl. dazu C. Samuel Storms in: Wayne Grudem (Ed.), *Are miraculous gifts for today? 4 Views*. Grand Rapids: Zondervan, 1996, S. 194ff.

¹¹ Mayhue, Richard. *Dein Glaube hat dich geheilt*. Bielefeld: CLV, 1999, S. 91.

¹² Laubach, Fritz. *Herr, heile mich! Kostproben der Macht Gottes*. Holzgerlingen: Hänssler, 2000, S. 48; vgl. Bühne, Wolfgang. *Dritte Welle ... gesunder Aufbruch?*, Bielefeld: CLV, 1993, S. 83.

¹³ Selbst Richard Gaffin als profilierter Vertreter des „Cessationist"-Position räumt ein, dass 1.Kor 13,8ff nicht als Argument dafür gelten kann, dass manche Gaben bei der Vervollständigung des Kanons aufgehört hätten (vgl. *Perspectives on Pentecoast. Studies in NT teaching on the gifts of the holy spirit*. Phillipsburg, N.J., 1979, S. 109ff).

¹⁴ Vgl. auch Scharfenberg, Roland. *Wenn Gott nicht heilt. Theologische Schlaglichter auf ein seelsorgerliches Problem*. Nürnberg: VTR, 2005, S. 179. Zur Missionsarbeit von Paulus und Barnabas in Lystra vgl. Kuberski, Jürgen. „Ein folgenschweres Missverständnis. Was wir von der Mission in Lystra lernen können (Apg 14,8-20)", *evangelikale missiologie* 22 (4/2006), S. 131-135.

¹⁵ Lukas betont den Bestätigungs-Aspekt von Wundern in Apg 14,3b: „(Der Herr) legte Zeugnis ab für das Wort seiner Gnade, indem er durch die Hände der Apostel Zeichen und Wunder geschehen ließ" (Elberfelder Üb.). Wenn John Wimber teilweise den Eindruck nahelegt, als seien Heilungen und Wunder eine notwendige Begleiterscheinung der Evange-

lisation, zumindest dass eine derartige „Power Evangelism" eine weitaus Erfolg versprechendere Art der Evangelisation sei als bisherige Formen, dann lässt sich das kaum mit einigen Berichten in der Apostelgeschichte vereinbaren, wo auch ohne Begleitung von Zeichen und Wundern wirkungsvoll verkündigt wird. Vgl. Wimber, John und Kevin Springer. *Vollmächtige Evangelisation* (engl. *„Power Evangelism"*) Asslar: Gerth, 2000.

[16] Roloff, Jürgen. *Die Apostelgeschichte. NTD Bd. 5.* Göttingen: Vandenhoeck & Ruprecht, 1981, S. 83.

[17] Zu *„dynamis"* und verwandten Begriffen vgl. Otto Betz in: *Theol. Begriffslexikon zum NT*, Wuppertal: Brockhaus, 1979, S. 922 (dynamis) und Ouweneel, Willem J.. *Heilt die Kranken! über die biblische Lehre von Krankheit, Heilung und Befreiung.* Lüdenscheid: Asaph, 2005, S. 249ff.

[18] Der griechische Ausdruck: *„hoti echei pistin tou sôthênai"* beinhaltet das Verb *sôzô*, das sowohl „retten" als auch „helfen" bzw. in diesem Kontext „heilen" bedeuten kann. Daher die verschiedenen Übersetzungsmöglichkeiten: „darauf vertraute, gerettet zu werden" (Einheitsübersetzung) oder „das feste Vertrauen hatte, geheilt zu werden" (Gute Nachricht Bibel). vgl. Jacob Jervell: „Lukas trennt nicht Heil von Heilung, beides gehört für ihn zusammen" *(Die Apostelgeschichte. Kritisch-Exegetischer Kommentar über das Neue Testament.* Göttingen: Vandenhoeck und Ruprecht, 1998, S. 374).

[19] Lk 4,39; 5,13.24; 6,10; 7,14; 8,54; 18,42; vgl. Mt 8,16.

[20] Blue, Ken. *Authority to heal.* Downers Grove: IVP, 1987, S. 121: „In reading the New Testament, I was initially disturbed to see that Jesus healed the sick and cast out demons very differently from the way we do it today. Every healing ministry I am familiar with depends largely on prayer. Jesus healed primarily by command. Unlike his followers today, he did not petition for healing; he pronounced it".

[21] Vgl. Ouweneel. Heilt die Kranken. S. 265; Alexander Seibel lehnt dieses Erklärungsmodell ab: „Hier ist man in einer magischen wie abergläubische Vorstellung von der Kraft Gottes gefangen" (Stellungnahme zu dem Buch „Heilt die Kranken" von Willem J. Ouweneel, http://www.alexanderseibel.de/buecher/Stellungnahme_zu_Heilt_die_Kranken_von_Willem_Ouweneel.pdf, S. 17ff). Eckhard Schnabel spricht hier sogar von dem „magischen Missverständnis, dass die (Taschen-) Tücher und Lendenschurze des Paulus heilende Wirkung haben" (*Urchristliche Mission.* Wuppertal: Brockhaus, 2002, S. 1167).

[22] Ouweneel. Heilt die Kranken. S. 270.

[23] Vgl. Wimber, John und Kevin Springer. *Vollmächtige Evangelisation.* Asslar: Gerth, 2000; Wagner, C. Peter. *Territoriale Mächte. Ebenen der strategischen Kampfführung.* Solingen: Bernard, o.J.; Wagner, C. Peter. *Der Herrschaftsbereich der Himmelskönigin.* Solingen: Bernard, 2001; vgl. dazu die tlw. kritische Beurteilung bei Kopfermann, Wolfram. *Macht ohne Auftrag. Warum ich mich nicht an der „geistlichen Kampfführung" beteilige.* Emmelsbüll 1994; und Rust, Heinrich Christian. *Und wenn die Welt voll Teufel wär ... Christen in der Auseinandersetzung mit dunklen Mächten.* Gerth Medien / Projektion J: Asslar, 2002, bes. S. 215ff.

[24] Vgl. Arnold, Clinton E. *Power and magic. The concept of power in Ephesians.* Grand Rapids: Baker, 1992; Schnabel, Eckhard. *Urchristliche Mission.* Wuppertal: Brockhaus, 2002, S. 1154ff.

[25] vgl. Fee, Gordon: „Die Apostelgeschichte – Das Problem des historischen Präzedenzfalls", S. 109-130, in: Gordon Fee und Douglas Stuart. *Effektives Bibelstudium.* Asslar: ICI, 1996; Liefeld, Walter L., Scot McKnight (Hrsg.). *Interpreting the book of Acts.* Grand Rapids, Mich.: Baker, 1995, S. 21ff.

Roland Scharfenberg

Heilung und Befreiung:
Jesu Auftrag für seine Gemeinde heute!

Im Verlauf der Geschichte des Christentums traten immer wieder Heilungen als Antwort auf das Gebet auf.[1] Angefangen von der Zeit der Apostelgeschichte, wo Jesu Jünger erlebten, wie Gott Menschen heilte, während sie das Evangelium verbreiteten, bis hin in unsere Zeit macht Gott Menschen gesund. Im Lauf der letzten hundert Jahre wurden einige Heilungsevangelisten weltweit bekannt. Neben der Evangeliumsverkündigung und dem Aufruf zur Bekehrung gehörte das Gebet für Kranke zu ihrem Dienst. Wegen mancher Exzesse werden sie oft abgelehnt. Andere beließen es nicht dabei, Heilung als gelegentliche Antwort des erbarmenden Gottes auf das Gebet der Gläubigen einzuordnen oder sie als eine der Gemeinde Jesu manchmal zugeteilte Gnadengabe zu sehen. Heilung gehört für sie zum Auftrag, zur Anweisung Jesu für das Handeln der Jünger bis er wiederkommt.

In diese Linie gehören Joh. Chr. Blumhard, Otto Stockmayer, Vertreter der Faith-Cure-Movement, wie A.J. Gordon, A. Murray oder A.B. Simpson. Im späteren 20. Jahrhundert führten Vertreter der charismatisch geprägten Erweckungsbewegungen, z. B. F. MacNutt oder G. Bennett, diesen Ansatz weiter. Vertreter der Word-of-Faith-Bewegung, wie K. Hagin oder der deutsche W. Margies, fordern alle kranken Christen auf, sich im Glauben auf die Seite der Heilung zu stellen. Denn Gott wolle Heilung. Durch die „Dritte Welle" vollzog sich eine Art „Demokratisierung" des Heilungsgedankens. Theologen wie Wimber und Wagner popularisierten aufgrund des Gedankens, dass Heilung zum Auftrag der Christen gehöre, Gebet um Heilung als Aktivität jedes Christen.

Für die genannten Theologen ist Heilung Teil des Auftrags Jesu an seine Gemeinde. Unsere Aufgabe ist es, ihre Hauptargumente dafür zu prüfen. Es sind dies die Jüngeraussendungen zur Zeit Jesu, die Verheißung der „größeren Werke" aus Joh. 14,12, die Missionsbefehle des Auferstandenen, die Berichte aus dem Leben der Urgemeinde und die Anweisung aus Jak. 5. Ziel ist, festzustellen, ob und inwieweit das Mandat zu heilen noch Relevanz für den Auftrag der Gemeinde heute hat.[2]

Die Jüngeraussendungen

Die Bedeutung der Aussendung der Zwölf wird durch die Wiedergabe dieses Berichts in allen drei synoptischen Evangelien unterstrichen (Mt. 10,1ff; Mk. 6,7-13; Lk 9,1-6). Jesus erwählte zwölf Jünger als seine Apostel. Sie sollten bei ihm sein und ausgesandt werden (Mk 3,14). Als Raster der Aussendungsberichte können folgende Stichpunkte dienen: Vollmachtszusage, Auftragsangabe, Ausführungsbestimmungen und Vollzugsbericht.

Jesus sagte den Zwölfen die Vollmacht über die bösen Geister zu und befähigte sie zu heilen (Mk 6,7; Lk 9,1). Die Ausführungsbestimmungen betrafen praktische Regeln für den Einsatz wie die Reiseausrüstung, die Unterkunft und das Verhalten bei Ablehnung. Nur Matthäus betont die Beschränkung der Sendung auf Israel und schließt einen Besuch bei Heiden und Samaritern aus (Mt 10,5f). Im Vollzugsbericht zeigen Markus und Lukas, dass die Zwölf auszogen, Buße und das Evangelium predigten, böse Geister austrieben und viele Kranke heilten (Mk 6,12f; Lk 9,6)

Der Auftrag selbst wird in Mt 10,7f mit fünf Imperativen beschrieben: predigen, heilen, auferwecken, reinigen und austreiben; Lk 9,2 nennt predigen und heilen. Markus nennt keine Imperative, nennt diese Tätigkeiten aber im Berufungsbericht der (Mk 3,14f) und im Vollzugsbericht (Mk 6,12f). Die Synoptiker lassen keinen Zweifel daran, dass Jesus die Zwölf losschickte und dass sie die Kranken heilen sollten. Daneben wird durchgängig auch das Predigen und das Austreiben der bösen Geister genannt. Die beiden Vollzugsberichte geben zu erkennen, dass sie das tatsächlich ausgeführt haben (Mk 6,13; Lk 9,6).

Lukas berichtet von einer späteren Aussendung von zweiundsiebzig Jüngern (Lk 10,1-12). Als Grund wird die große Ernte und die wenigen Arbeiter genannt (Lk 10,2). Es folgen ähnliche Ausführungsbestimmungen wie bei den Zwölf. Zielgebiet sind alle die Städte und Orte, in die Jesus gehen werde (Lk 10,1). Lukas berichtet später, dass Jesus auch durch Samarien zog (Lk 17,11), sodass die samaritischen Städte und Dörfer nicht ausgeschlossen sind. Wo sie aufgenommen werden, sollen die Jünger essen, was ihnen vorgesetzt wird, die dortigen Kranken heilen und sagen, dass das Reich Gottes nahe gekommen ist (Lk 10,8f).

Die Frage ist nun, ob dieser Auftrag sich nur auf die damalige Situation bezog oder ob er darüber hinaus ein Grundmuster für den Auftrag der Nachfolger Jesu aufzeigt. Um diese Frage zu klären, ist es nötig, die Missionsaufträge des Auferstandenen und die Ausführung des Auftrags in der Urgemeinde zu untersuchen. Zuvor aber noch ein weiterer vorösterlicher Text, der vielfach von Vertretern der Heilungsbewegung mit angeführt wird: Joh 14,12.

• Johannes 14,12

Jesus verheißt seinen Jüngern: „Wahrlich, wahrlich, ich sage euch, der an mich Glaubende, der auch wird die Werke tun, die ich tue, und größere als diese wird er tun, denn ich gehe zu dem Vater." Die Werke Jesu sind im Sprachgebrauch des Johannesevangeliums Taten, die er als der Gesandte vollbringt. Sie weisen zeichenhaft hin auf Jesus als den Christus und Gottessohn und auf das Heil, das er bringt.³ Auch die Jünger werden Taten tun, die in wunderbarer Weise auf das Heil in Christus hinweisen. Doch inwiefern sind ihre Werke „größer" als die Werke des irdischen Jesus? Oft verweisen Kommentatoren auf die zeitliche, geographische und numerische Summe der Werke aller Gläubigen. Gegen diese Auslegung spricht der Singular „wer an mich glaubt", der nahe legt, dass größere Werke auch bei einzelnen Gläubigen zu finden sind.

Jesus begründet die größeren Werke des Glaubenden mit „denn ich gehe zum Vater". Nach der Himmelfahrt wird Jesus nicht mehr leiblich bei ihnen sein, aber die Jünger werden durch den Heiligen Geist dennoch enge Gemeinschaft mit ihm haben. Sie werden den Missionsauftrag aufnehmen und Menschen werden sich bekehren. Dabei können physische Wunder ein begleitendes Zeichen für das mit der Evangeliumsverkündigung hereinbrechende Reich Gottes sein. Man braucht nicht auf immer sensationellere Wunder zu schielen, denn nach Jesu Himmelfahrt werden auch weniger spektakuläre Werke, wenn sie als Antwort aufs Gebet im Namen Jesu geschehen, auf die Einheit von Vater und Sohn hinweisen (V.13). Indem der verherrlichte Herr die Gebete der Jünger erhört, werden ihre Werke sogar noch größer sein als die Wundertaten, die der leiblich anwesende Messias vollbrachte.

Johannes 14,12 ist dann so zu verstehen: Der an Jesus Glaubende wird Jesu Worte und damit die Gabe des ewigen Lebens weitergeben. In der Verbindung mit ihm als dem erhöhten Herrn wird er beten und der Herr wird durch ihn zeichenhafte Werke wirken.

Die Missionsaufträge des Auferstandenen

Die gerade besprochene Aussage Jesu über die größeren Werke seiner gläubigen Nachfolger verweist bereits auf die Zeit, wenn Jesus nicht mehr leiblich bei ihnen sein wird. Wie ihr Auftrag dann weitergehen soll, wird in den Missionsaufträgen des Auferstandenen zusammengefasst. Für die Frage, ob Heilung mit zum Auftrag der Jünger Jesu gehört, müssen diese Missionsbefehle betrachtet werden. Es sind dies Mt 28,19-20, Mk 16,15-18, Lk 24,46-49 und Joh 20,21-23.

• Matthäus 28,19-20

Der eigentliche Befehl „macht zu Jüngern" wird durch ein einleitendes Partizip („gehen") in das Leben der Jünger eingeordnet. Überall, wo sie hinkommen, sollen sie den Auftrag wahrnehmen. Das Objekt ist „alle Völker", das heißt ausdrücklich werden auch die Heiden mit einbezogen. Zwei weitere Partizipien („taufen" und „lehren") erklären, welche Elemente zum „Jünger-Machen" gehören. Vertreter der Heilungsbewegungen stützen sich auf die Wendung „alles, was ich euch befohlen habe". Dies bedeute, die künftigen Jünger sollen so evangelisieren, wie Jesus es den Zwölfen geboten hatte. In ihrer Begründung verweisen sie darauf[4], dass in keinem der nachösterlichen Missionsbefehle ein

Anhaltspunkt dafür gegeben werde, die Anweisungen an die Zwölf und Zweiundsiebzig jetzt auszuschließen. Lediglich zwei Änderungen traten in Kraft: Das Verbot, zu den Heiden zu gehen (Mt 10,5), wird ausdrücklich auf alle Völker ausgeweitet.[5] Das Verbot einer zusätzlichen Reiseversorgung (Mt 10,9f) wurde bereits in Lk 22,36 aufgehoben.

Weiter zeigen einige bleibende Elemente, dass das „Alles halten, was ich euch befohlen habe" jenen Auftrag an die Zwölf mit einschließt.[6] Folglich sehen Heilungsvertreter das Gebet um Heilung als einen Bestandteil des Auftrags der Gemeinde. Gegen die Beschränkung der vorösterlichen Jüngeraussendungen auf eine „Sendung für Israel", wie sie dispensationalistisch-cessationistische Vertreter vornehmen, ergänzt Turner folgende theologische Aspekte[7]: Der grundsätzlich ganzheitliche Aspekt der jüdisch gefüllten Soteriologie Jesu werde nicht aufgehoben. Die Aussendung der Jünger wurde von der Kirche gerade deswegen überliefert, weil es ein Paradigma für die christliche Mission darstellt. Und Lukas porträtiert die Mission der Kirche in Kontinuität mit dem Muster, das Jesu Dienst bezüglich Heilungen aufstellte.[8]

Die Wunder der Kirche bestätigten, dass Jesus seine soteriologische Funktion fortsetzt, nämlich die unter der Macht Satans Stehenden zu heilen (Apg 10,38). So sind die Wunder nicht bloße Legitimation für die Botschaft Jesu und der Apostel („evidentialist understanding"), sondern sie gehören zum Wesen des Evangeliums („intrinsical understanding"): „There is no reason to believe Luke thinks the miracles in the church legitimate the message other than intrinsically, i.e. as in the Gospel account, by dynamically exemplifying important aspects of how God's ‚salvation' breaks through into joyful reality." (251)

- **Markus 16,15-18**

Hier lautet der Befehl „predigt das Evangelium". Es folgt ein Satz über die Folgen dieser Verkündigung: Glaube mit Taufe führt zum Heil, Unglaube zur Verdammnis (V.16). Schließlich wird eine Liste von Zeichen genannt, die im Leben derer sichtbar werden, die mit Glauben auf die Evangeliumsbotschaft eingehen. Im abschließenden Vollzugsbericht (V.20) wird festgehalten, dass die Elf dann tatsächlich überall predigten, während sie hinauszogen. Und der in den Himmel gefahrene Jesus wirkte mit ihnen und bekräftigte das Wort durch die mitfolgenden Zeichen. Diese Zeichen sind nicht nur ein unerwartetes Eingreifen Gottes. Der Herr wirkt zusammen mit den Glaubenden, die z. B. durch das Händeauflegen selber aktiv werden. So ist hier eine Handlungsanweisung der Gläubigen impliziert.

- **Lukas 24,46-49**

Der Auferstandene vermittelte seinen Jüngern Verständnis für das Alte Testament, sodass sie verstanden, dass der Christus leiden und auferstehen musste

(V.46). Und sie begriffen, „dass gepredigt wird in seinem Namen Buße zur Vergebung der Sünden unter allen Völkern." Lukas nennt keinen Imperativ, aber Jesus zeigt seinen Jüngern, was ihre Funktion ist: Sie sind dafür Zeugen (V.48). Ihr Auftrag besteht also darin, ausgerüstet mit himmlischer Vollmacht als Zeugen zu leben und hinauszugehen, um unter allen Völkern Buße und Sündenvergebung zu predigen. Im Parallelbericht in Apg 1,8 wiederholt Lukas dieselben Bestandteile der Sendung: Vollmacht durch den auf sie kommenden Heiligen Geist, Jesu Zeugen sein und das Ausgehen bis an das Ende der Erde. Da hier noch nicht einmal das Predigen besonders genannt wird, muss der Bericht des Lukas über die Ausführung der nachpfingstlichen Sendung betrachtet werden, um zu klären, wie sich diese Kraft des Heiligen Geistes beim Zeugensein realisierte.

- **Johannes 20,21-22**

Johannes schildert die Sendung der Jünger durch den auferstandenen Herrn mit den Worten: „Wie mich der Vater gesandt hat, so sende ich euch." Durch den Vergleich mit der Sendung Jesu wird sein Wirken als Muster für die Auftragserfüllung der Jünger nahe gelegt. Wie Lukas erwähnt Johannes die Ausrüstung mit dem Heiligen Geist und die Sündenvergebung als Bestandteile des Sendungsauftrags der Jünger.

Das Zeugnis der Heilung in der Urgemeinde

Wenn Heilung im Namen Jesu in den Auftrag des Auferstandenen für die Gemeinde mit eingeschlossen ist, muss die Ausübung dieses Auftrags in der durch den Heiligen Geist bevollmächtigten Gemeinde nach Pfingsten sichtbar werden. Inwieweit das geschah, soll ein Blick auf die Heilungen in der Apostelgeschichte klarstellen. Ergänzend werden die Erwähnungen der Heilungsgabe in den paulinischen Gemeinden und die Angaben aus dem Hebräerbrief als weitere Zeugnisse aus der Zeit der Urgemeinde angefügt.

- **Berichte der Apostelgeschichte**

Lukas berichtet, wie sich das Reich Gottes in und durch die Gemeinde Jesu nach der Himmelfahrt und der Sendung der verheißenen Kraftausrüstung durch den Heiligen Geist von Jerusalem bis Rom ausbreitete. Immer wieder geschahen dabei Zeichen und Wunder, insbesondere Heilungen. Lukas berichtet acht Einzelheilungen[9], zwei Totenauferweckungen (Apg 9,36-43; 20,7-12) und acht summarische Heilungsberichte.[10] Deutlich ist also, dass nach dem Bericht der Apostelgeschichte weiter Heilungen geschahen, auch wenn sie nicht in derselben Dichte wie in den synoptischen Evangelien berichtet werden. Lukas weist aber durch die Summarien darauf hin, dass mehr als die berichteten Einzelheilungen geschahen. Die Betonung liegt auf der Verbreitung der Botschaft vom

Heil in Jesus. Die Heilungen finden sich immer wieder im Kontext der evangelistischen Verkündigung (Apg 4,29f; 8,5f; 14,9f; 19,10-12).

Inhaltlich betont diese Verkündigung den Tod und die Auferstehung Jesu und die Rettung durch ihn. Sein Wirken wird in Apg 10,38 zusammengefasst als Gutes tun und Menschen heilen, die in der Gewalt des Teufels waren. Bei der Auftragserfüllung wurde die frühere Anweisung, Kranke zu heilen, Dämonen auszutreiben und Tote aufzuerwecken noch befolgt. Dabei ist es wichtig festzuhalten, dass nicht nur Apostel Ausführende von Heilungen waren. Neben den herausragenden Aposteln Petrus und Paulus waren es auch Männer wie Stephanus, Philippus, Hananias und Barnabas, durch die Heilungen, Zeichen und Wunder geschahen. Auch erbittet die Gemeinde in Jerusalem in ihrem Gebet, dass Gott ihr angesichts der Verfolgungen Freimut zur Verkündigung seines Wortes schenken möge. Dies soll geschehen, indem Gott selbst seine Hand ausstrecke, damit Heilung, Zeichen und Wunder geschehen.[11] Die Urgemeinde erwartete also, dass die Wortverkündigung begleitet werde von Heilungen. Heilungen hatten somit nicht bloß seelsorgerlichen Charakter, sondern auch evangelistischen.

Die Gnadengaben der Heilung

Der Apostel Paulus erlebte am eigenen Leib Heilung und heilte später andere Menschen. Wo er als Apostel Jesu angegriffen wurde, nimmt er Bezug auf diese Wunder als ein Kennzeichen seines Dienstes und weist sich als Apostel Jesu aus (2Kor 12,12; Röm 15,18f; vgl. auch 1Kor 2,4; 1Thes 1,5). Da diese Texte als „Zeichen eines Apostels" gesehen werden können, sind für unser Thema die Erwähnungen der Heilung als Gabe relevanter.

In 1Kor 12,9.28.30 erwähnt Paulus die „Gnadengaben der Heilungen" als eine der vom Heiligen Geist in der Gemeinde verliehenen Charismen. Dass Paulus sie nur an dieser Stelle nennt, hängt mit dem situationsbedingten Charakter der meisten Paulusbriefe zusammen. Dort, wo Fragen oder Missstände auftraten, antwortete der Apostel und ordnete die Belange. Nach 1Kor 12,28 („Und Gott hat in der Gemeinde eingesetzt ...") bestehen diese Gnadengaben und ihre Ausübung in und zum Wohl der Gemeinde nicht nur in Korinth, sondern sie sind allgemein dem Leib Jesu gegeben. Auch weist Deere richtig darauf hin, dass 1Kor 12,8-10 die übernatürlichen Gaben für den gesamten Leib beschreibt, nicht nur für die Apostel.[12]

Auftrag und Gabe stehen also nicht in einem Gegensatz, sondern in einer Wechselbeziehung zueinander. Ein Wort über das Verhältnis von Gabe und Auftrag: Dass es geistgewirkte Gaben gab und gibt, wird meist anerkannt. Doch damit ist noch nicht ausgesagt, dass Heilung ein Bestandteil des Auftrags der Gemeinde Jesu ist. Im Gegenteil, der Gedanke der frei vom Geist verliehenen Gnadengaben kann dazu verwendet werden, diesen Aspekt des christlichen

Dienstes nicht auszuüben, weil die Gabe eben nicht vorhanden sei. Diese gefährliche Polarisierung zwischen Charisma und Auftrag wird von Bittner abgewehrt, indem er auf das Zueinander von Auftrag und Gabe verweist. „Der Auftrag lässt sich doch ohne die dazu gehörende Begabung nicht durchführen. Eine Begabung ohne Wissen um einen konkreten und auch begrenzten Auftrag, der diese Begabung in Gehorsam nimmt und in seine Grenzen weist, ist verhängnisvoll".[13]

Mit einem hilfreichen Vergleich erläutert Wimber das Miteinander von Auftrag und Gabe: Auch beim Auftrag, das Evangelium zu verkündigen, schließen sich der allgemeine Auftrag und die spezielle Gabe der Evangelisation nicht aus. Allen Christen ist geboten, das Evangelium weiterzusagen, nicht nur den Evangelisten. Parallel fasst er die Frage der Heilung: „Bei göttlicher Heilung ist es sehr ähnlich: wir haben alle den Auftrag, für die Kranken zu beten, aber wir sehen auch, dass einige Menschen eine besondere, nicht nur momentane Salbung für Heilung haben (1.Kor 12,9). Die anderen, die nicht in einem ständigen Heilungsdienst stehen, haben nur bei speziellen Anlässen eine Salbung für Krankenheilung".[14]

Das Thema Heilung darf also nicht auf die besonderen Gabenträger begrenzt werden. Es gehört ins Blickfeld aller Christen, dass sie Gott die Macht zur Heilung zutrauen, ihm als guten Vater in konkreten Krankheitsfällen vertrauen und um die Verwirklichung seines Heils flehen. Es ist sicher ein positiver Beitrag der Heilungsbewegungen, dass sie diese Aspekte wieder neu betonte. Wo allerdings aufgrund eines absolut verstandenen generellen Heilungswillens Gottes der Tatsache der nicht geschehenen Heilung kein Raum gelassen oder sie einseitig zu Lasten der Kranken erklärt wurde, verfiel sie in Pauschalisierungen, die durch biblisch-systematische Arbeit in den rechten Rahmen gestellt werden muss.

• Hebräerbrief

Hebr 2,4 spricht von der Zuverlässigkeit des christlichen Heils. Es begann mit der Verkündigung Jesu und wurde den damaligen Christen durch die Ohrenzeugen bestätigt. Zugleich bezeugte Gott dieses Heil „durch Zeichen, Wunder und mancherlei mächtige Taten und durch die Austeilung des heiligen Geistes nach seinem Willen." Der Verfasser setzt es als normal voraus, dass diese göttlichen Bestätigungen geschahen.

In Hebräer 6,2 wird das Handauflegen als eines der grundlegenden Lehrstücke genannt. Im Neuen Testament ist es ein begleitendes Zeichen ernsthaften Gebets. Es wurde beim Gebet um Krankenheilung, um Segen, um den Geistempfang bei der Bekehrung, um Empfang einer Gnadengabe oder um die Ausrüstung für einen Dienst praktiziert.[15] Handauflegen bei verschiedenen Gebeten für andere gehört zu den grundlegenden Lehren. Da Handauflegen auch eines der häufigeren Mittel Jesu und der Apostel bei der Krankenheilung war, ist es wahrscheinlich, dass dieser Bereich des Gebets hier mit eingeschlossen ist.

Schließlich sei noch das Wort aus Hebr 13,8 genannt: „Jesus Christus gestern und heute und derselbe auch in Ewigkeit." Es wird häufig in der Heilungsliteratur angeführt, um die Erwartung zu nähren, dass Jesus auch heute noch genauso heilend wirkt, wie er es zu seinen Lebzeiten tat. Im Kontext will der Verfasser seine Leser ermahnen, bei dem Glauben zu bleiben, den sie empfangen haben. In diesem Zusammenhang wird Jesu Unveränderlichkeit als zentraler Punkt genannt. Dass er derselbe ist, gilt für sein Wesen. Es zeichnet sich durch Gnade, Liebe und Barmherzigkeit aus und äußerte sich zu seinen Lebzeiten häufig in Krankenheilungen und nach seiner Erhöhung in den Zeichen und Wundern, die durch die Jünger und Gabenträger gewirkt wurden.

Mayhue geht gegen die Einbeziehung von Hebr 13,8 an. Für ihn ist es ein generalisierendes Argument. „Solange wir nicht aus der Bibel zeigen können, dass es Gottes ausdrücklicher Wille ist, etwas Bestimmtes zu tun, ist es eine sündige Bevormundung Gottes, wenn man sagt, er wolle es tun und dieses Handeln von ihm fordert".[16] Dabei übersieht er, dass von der Zusage der täglichen Fürsorge Gottes bis hin zur Verheißung der Bekehrung von Menschen durch die Predigt der Jünger, Gottes Aussagen gelten, obwohl wir immer nur im vertrauensvollen Gebet um ihre Verwirklichung in einer konkreten Situation bitten können. Nicht die Frage, ob Gott Heil und Heilung will, steht zur Debatte, sondern die Frage, wann und unter welchen Bedingungen er dies im Einzelfall ausführt. Ohne seine Treue anzuzweifeln, muss auch die Frage seiner Souveränität und damit verbunden die Frage der Verwirklichung seines Plans innerhalb der eschatologischen Spannung von Schon-Jetzt und Noch-Nicht berücksichtigt werden. Mayhue ebnet die Schon-Jetzt-Dimension ein.

• Jakobus 5,13-18

Der Abschnitt enthält nicht direkt einen Befehl zu heilen, aber die Anweisung im Krankheitsfall zu beten und die Verheißung, dass Gott heilen werde. Der Text ist wichtig, weil diese Anweisung nicht an das Vorhandensein einer Heilungsgabe gebunden wird.

In der speziellen Lage der körperlichen Krankheit, die ihn an der Teilhabe der christlichen Gemeinschaft hindert, soll der Kranke die Ältesten seiner Gemeinde zu sich rufen. Diese erfahrenen Beter und Seelsorger beten fürbittend für ihn und salben ihn mit Öl. Mit der Salbung zeigen sie dem Kranken, dass er auch jetzt noch zur Gemeinschaft der christlichen Gemeinde gehört und Gott an ihm wirken will. Dies gilt selbst dann, wenn ein Zusammenhang von Krankheit und Sünde besteht.

Als Wirkung dieses Vorgehens nennt Jakobus Heilung der Krankheit, Wiederherstellung der Kraft und Sündenvergebung. Die Hoffnung auf körperliche Genesung wird deutlich gestärkt. Dennoch ist die körperliche Heilung Teil einer umfassenden Heilung, die den ganzen Menschen meint. Auf der geistlichen Ebene wird für den Fall, dass Sünden die Krankheit verursachten oder den Kranken und seine Gemeinschaft mit den Brüdern belasten, gegenseitiges Sündenbekenntnis und Fürbitte angeordnet und Vergebung zugesagt. Da das geschilderte Vorgehen ganz auf der Wirksamkeit des Gebets beruht, ermutigt Jakobus zu vertrauensvollem Gebet. Dies geschieht durch die Zusage „viel vermag das Gebet" und durch das Beispiel des Gebets des Elia.

Gemeinde als Ort von Heilung und Befreiung

Wir sind der Frage nachgegangen, inwieweit Heilung ein Bestandteil des Auftrags der Gemeinde bildet. Dazu untersuchten wir die Hauptargumente für diese Position: die Jüngeraussendungen zur Zeit Jesu, die Verheißung der „größeren Werke" aus Joh 14,12, die Missionsbefehle des Auferstandenen, Angaben aus dem Leben der Urgemeinde und die Anweisung aus Jak 5. Als Ergebnis dieser Untersuchung können wir festhalten:

Der Auftrag an die Zwölf bzw. die Zweiundsiebzig schloss neben der Verkündigung des Reiches Gottes auch Heilung mit ein. Jesus verhieß, dass zeichenhafte Werke den Dienst der Jünger begleiten werden, weil sie mit dem erhöhten Herrn verbunden sind und er ihr Gebet beantwortet. In den Missionsbefehlen gibt der auferstandene Herr den Jüngern den Auftrag, Menschen zu Jüngern zu machen. Dazu gehört, sie alles halten zu lehren, was Jesus befohlen hat. Das umfasst die ethischen Anweisungen Jesu ebenso wie den Weg, den er ins Gottesreich zeigt: Buße und Glaube. Wo die Jünger in ihrer Verkündigung dieses nahe gekommene Reich bezeugen, dient ihnen die Art, wie Jesus das tat, als Vorbild. Zeichenhafte Handlungen, die zeigen, dass das Reich schon da ist, gehören dann durchaus zum Erwartungshorizont.

Dabei sind Heilungen nicht nur ein Zeichen für den Anbruch des neuen Reiches, sondern auch ein Ausdruck des ganzheitlichen Heils, das einmal in Vollendung den ganzen Menschen umfassen wird. Wo Menschen jetzt mit Glauben reagieren, sagt Jesus begleitende Zeichen zu, die die Kraft dieser Frohbotschaft selbst im physischen Bereich aufzeigen. Diese Zeichen sind ein Wirken Gottes; die Glaubenden sind aber durch ihr Tun aktiv mit ins Geschehen hinein genommen. Sie sind Zeugen Jesu. In der Kraft des Heiligen Geistes ziehen sie aus und predigen Buße und Vergebung im Namen Jesu, der sie sendet, wie ihn der Vater gesandt hat. Bevollmächtigung mit dem Heiligen Geist und das Vorbild des Wirkens Jesu leiten sie.

Die Apostelgeschichte berichtet, dass weiterhin Heilungen durch die Apostel und durch andere Jünger geschahen. Die Gemeinde sah in den Heilungen ein wichtiges Merkmal des Wirkens Jesus (Apg 10,38) und erbat sie als begleitendes Wunderzeichen Gottes für ihre Verkündigung (Apg 4,30). Paulus erwähnt seine Vollmacht, Zeichen und Wunder zu tun. Mit der Gabe der Krankenheilung befähigt Gott einzelne Gemeindeglieder in besonderer Weise zum Dienst in diesem Bereich. Der Hebräerbrief bestätigt, dass Gott zur Bekräftigung der Heilsbotschaft Zeichen und Wunder tat. Handauflegung, die auch bei Heilung praktiziert wurde, gehörte zu den Grundlehren für die Christen. Der in seinem Wesen unveränderliche Herr, ist auch bei den Christen späterer Generationen gegenwärtig und wird unter ihnen wirken. Jakobus weist den kranken Christen den Weg des Gebets um Heilung durch die Ältesten. Gott verheißt, selbst für den Fall, dass die Krankheit durch die Sünde verursacht wurde, ein umfassendes Heilswirken, das in physischer Heilung, Wiederherstellung der Kraft und Sündenvergebung besteht.

Dass den Jüngern explizit geboten wird, Kranke zu heilen, findet sich so nur in den Jüngeraussendungen. Die Vertreter der Heilungsbewegungen haben aber richtig erkannt, dass zum Kontext auch des nachösterlichen Auftrags der Jünger und zum Vollzug desselben zeichenhafte Wunder, insbesondere Heilungen dazugehören. Das Christentum nur als Glaubenslehre über den richtigen Weg zur Seligkeit zu fassen und es der ganzheitlich lebensverändernden Kraft des durch den Geist gegenwärtigen Herrn zu berauben, entspricht nicht dem neutestamentlichen Zeugnis. Dies gilt zuerst für den evangelistisch-missionarischen Vorstoß, wo die Verkündigung vom in Christus erschienenen Reich Gottes und dem durch die Sündenvergebung zugänglichen Heil von der wirkenden Gegenwart des erhöhten Herrn begleitet und bekräftigt wird. In diesem Sinn gehört Heilung zum Auftrag der Kirche. Da die heilende Kraft immer beim Herrn liegt und im konkreten Fall von seiner Bevollmächtigung abhängt, darf der glaubende Jünger sie auch vertrauensvoll erbitten.

Als weiterer Bereich, in dem sich die wirksame Kraft des Herrn manifestiert, kann das Leben der Gläubigen genannt werden. Sie geben ihrem Herrn ihren Geist und ihren Leib hin. Er will nicht nur ihr Seelsorger sein, sondern ihr ganzes Leben erfüllen. Sie werden aufgefordert, auch ihre leiblichen Bedürfnisse dem Herrn anzuvertrauen. Die Anweisung des Jakobus zeigt, dass hier nicht eine fatalistische Haltung gemeint ist, sondern die positive Erwartung geweckt werden soll, dass der Herr helfen wird. In beiden Bereichen – bei der missionarischen Weitergabe des Heils nach außen und bei dem innergemeindlichen Leben im Heil – ist mehr vorgegeben als eine Haltung, die sich bloß in die Krankheit schickt und geistliche Kraft erwartet.

Das Neue Testament ermutigt dazu, göttliche Heilung als reale Möglichkeit in das Leben der Gläubigen und in die Bezeugung des Heils zu integrieren. Der erhöhte Herr hat die Macht zur Heilung. Er sendet seine Jünger in die Welt, wie auch er gesandt war, und rüstet sie mit der Kraft aus der Höhe, dem Heiligen Geist aus.

Diese positive Perspektive der Erwartung von Heilung im Namen Jesu kann die leidvolle Realität nicht geschehener Heilungen nicht erklären. Nur der Hinweis auf die Souveränität Gottes und die Glaubensaussage, dass er alle Dinge zum Besten gestaltet, bietet eine theologische Verständnisbrücke und einen Ansatz zur glaubenden Bewältigung nicht geschehener Heilung in der eschatologischen Spannung von Schon-Jetzt und Noch-Nicht.

---

[1] Der Artikel erschein unter: „Heilung – Jesu Auftrag für die Gemeinde?" *Evangelikale Missiologie* 17 (2001) 3:100-108.

[2] Ausführlich dazu: Scharfenberg, Roland. *Wenn Gott nicht heilt. Theologische Schlaglichter auf ein seelsorgerliches Problem.* Nürnberg: VTR, 2005.

[3] Vgl. Joh 5,20.36; 7,3.21; 9,3f; 10,25.32.37f; 14,10-12; 15,24.

[4] Vgl. zum Beispiel Greig, Gary S. and Kevin N. Springer (Hg.). The Kingdom and the Power: Are Healing and the Spiritual Gifts Used by Jesus and the Early Church Meant for the Church Today? A Biblical Look at How to Bring the Gospel to the World with Power. Ventura, California: Regal, 1993, S. 399-403.

[5] Sowohl hier in Mt 28,19, als auch in Mk 16,15 „in alle Welt"; Lk 24,47 „unter allen Völkern" und Apg 1,8. Bittner, Wolfgang J.. *Heilung – Zeichen der Herrschaft Gottes*. Neukirchen-Vluyn: Aussaat, 1999, S. 44-47 findet bereits in den Gottesknechtsliedern (Jes 42,1.4; 49,4-6) einen Hinweis auf diese Ausdehnung der einen Sendung, die in zwei Etappen erfolgt.

[6] Sie nennen das Staubabschütteln von den Füßen (Apg13,51 vgl. Mt 10,14), das Predigen mit Heilen (Apg 14,3.8; 15,12), das in der Apostelgeschichte von den Aposteln mehrfach berichtet wird und Berichte, nach denen auch andere Jünger gepredigt und geheilt haben: Stephanus (Apg 6,8.10), Philippus (Apg 8,4-7.12), Hananias (Apg 9,17f; 22,12-16), Gemeindemitglieder in Korinth (1Kor 11,1; 12,9), in Galatien (Gal 3,5), in Philippi (Phil 4,9), in Thessalonich (1Thes 1,5f) und in jüdisch-christlichen Gemeinden (Hebr 6,1f; Jak 5,14-16).

[7] Turner, Max. *The Holy Spirit and Spiritual Gifts Then and Now*. Carlisle: Paternoster, 1996, S. 250f.

[8] Turner verweist auf die sorgfältigen Parallelen der Wunder von Petrus und Paulus mit den Wundern Jesu.

[9] Apg 3,1-10; 9,17f; 9,32-35; 9,36-43; 14,8-18; 14,19f; 16,16-18; 20,7-12; 28,1-6; 28,8.

[10] Apg 2,43; 5,12; 5,15f; 6,8; 8,6f.13; 14,3; 15,12; 19,11f; 28,9.

[11] Der temporale bzw. modale Begleitumstand wird durch den deklinierten Infinitiv mit Artikel und Präposition ausgedrückt. Dazu: Hoffmann, Ernst G. and Heinrich von Siebenthal. *Griechische Grammatik zum Neuen Testament*. Riehen: Immanuel. 2. erg. Aufl., 1990, §226a

[12] Deere, Jack. *Überrascht von der Kraft des Heiligen Geistes*. Wiesbaden: Projektion J, 1995, S. 58f.

[13] Bittner. Heilung. S. 99.

[14] Wimber, John and Kevin Springer. *Heilung in der Kraft des Geistes*. Originaltitel: Power healing. Hochheim: Projektion J, 1987, S. 185.

[15] Vgl. Grudem, Wayne A. *Systematic Theology: An Introduction to Biblical Doctrine*. Leicester: Inter-Varsity Press, 1994, S. 959-961.

[16] Mayhue, Richard. *Dein Glaube hat dich geheilt*. Originaltitel: The healing promise. Bielefeld: CLV, 1999.

Teil 2:
Weltweite Praxis des
Heilungs- und Befreiungsdienstes

Andreas Kusch

Heilung durch Gebet in der Dritten Welt:
Oft im Verborgenen, aber vielfältig praktiziert

Heilung durch Gebet – hört man diesen Begriff, fallen einem entweder die biblischen Texte über die Urchristenheit ein, in denen dieses Phänomen häufige Erwähnung findet, oder man denkt an aufwendige Werbekampagnen für evangelistische Großveranstaltungen, die mit spektakulären Heilungsversprechungen locken.[1] Untersucht man jedoch genauer, wo und in welchem Rahmen Krankenheilungen in der weltweiten Christenheit vorkommen, wird schnell klar, dass es sich hierbei um ein wesentlich komplexeres Phänomen handelt. Insbesondere ist es interessant zu sehen, dass das Gebet für Kranke nicht nur in Pfingstkirchen oder charismatischen Kirchen praktiziert wird, sondern auch in den Kirchen der Dritten Welt, die aus dem missionarischen Wirken der westlich-evangelischen Kirchen hervorgegangen sind. Im folgenden soll nun auf diese historischen Kirchen mit dem Ziel eingegangen werden, einen Überblick über das vielfältige Wesen der Heilung durch Gebet zu bekommen.

Der äußere Rahmen des Krankengebetes

Das Gebet für Kranke ist üblicherweise in einen äußeren Rahmen eingebunden. Kennzeichen des gemeindeorientierten Gebetsdienstes ist, dass dieser Dienst seinen festen Platz im Leben einer lokalen Kirchengemeinde hat. So ist es etwa in den Mitgliedskirchen des chinesischen Christenrates üblich, dass nach den Sonntagsgottesdiensten oder den regelmäßigen Gebetsversammlungen verantwortliche Laien oder auch der Pfarrer von Gemeindegliedern um Fürbitte gebeten werden.[2] Während dies mehr informell und auf individuelle Bitte hin geschieht, geht man in der Evangelisch-Lutherischen Kirche in Tansania einen Schritt weiter und institutionalisiert dieses Angebot, indem man spezifische Heilungsgottesdienste anbietet, oder Heilungsgebete Bestandteil von Evangelisationsveranstaltungen werden.[3] Bei diesen Formen wird vorausgesetzt, dass der Heilungssuchende von sich aus „kommt" und das vorhandene Angebot in Anspruch nimmt. Man findet aber auch Kirchengemeinden, die nicht auf den Kranken warten, sondern zum „Gehen" bereit sind. So gibt es etwa in katholischen Gemeinden Limas Gruppen, die den Leidenden zu Hause besuchen und dort für ihn beten, oder Heilungsgruppen – wie in der Evangelisch-Christlichen Kirche von West Papua (Irian Jaya) –, die regelmäßig in Krankenhäuser gehen und dort für Kranke beten.

Aktionskreisorientierte Gebetsdienste sind dagegen nicht an eine bestimmte lokale Kirchengemeinde gebunden. Hier treffen sich Mitglieder verschiedenster Kirchen, um unabhängig von konfessionellen Lehrunterschieden Heilungsdienste anzubieten. Diese Gruppen weisen unter-schiedlichste Organisationsgrade auf. Viele von ihnen sind nur sehr lose strukturiert und arbeiten mehr auf spontane Art zusammen. Es gibt aber auch Gruppierungen mit einem sehr hohen sozialen Organisationsgrad, etwa in Form eines juristisch eingetragenen Vereins mit mehreren hundert Mitgliedern. Von diesen gemeinnützig orientierten „healing agencies" sind insbesondere jene Gruppierungen zu unterscheiden, die sich um einen Heiler oder selbsternannten Geistlichen scharen, der mit Hilfe kommerzieller Werbung Notleidenden seine Dienste gegen Geld anpreist.

Eine spezielle Form aktionskreiszentrierter Gebetsdienste ist in Großveranstaltungen zu sehen – seien es Evangelisations- oder spezifische Heilungsveranstaltungen –, in deren Rahmen für Kranke gebetet wird. In aller Regel steht dabei eine herausragende Persönlichkeit im Zentrum des Interesses und der Bezug zur gemeindlichen Basis ist selten gegeben. Deshalb wird in diesem Rahmen nicht weiter darauf eingegangen. Im Gegensatz zu den bisher beschriebenen Gebetsdiensten wird durch die Art der Werbung, Anpreisung und Durchführung dieser Veranstaltungen allzu häufig ein viel zu sensationell-spektakuläres Bild von Heilung vermittelt. Bei aller Kritik, die diese Form erfahren hat[4], trug sie jedoch zweifelsohne zur schnellen Popularisierung des Heilungsgedankens bei.

Insgesamt gesehen macht es der aktionskreisorientierte Ansatz möglich, dass Christen unterschiedlichster Konfessionen auf diesem speziellen Gebiet zusammenarbeiten, aber jeder nach wie vor seiner eigenen Kirche treu bleibt. Nicht selten sind in solchen Zusammenschlüssen Mitarbeiter und Älteste der historischen Kirchen zu finden, die hier neue Anregungen für ihren Dienst in ihrer Kirche suchen. Erschwert wird der Erkenntnistransfer jedoch oft dadurch, dass die äußeren Formen der oft pfingstlich-charismatisch geprägten Aktionskreise sich nur schwer in die Situation der historischen Kirche einfügen lassen.

Der Heilungssuchende mit seinen Hoffnungen

Wer ist es nun, der Heilung durch Gebet sucht? Zum einen sind es Christen, die auch in der Krankheit Gott als den Handelnden in ihrem persönlichen Leben sehen und von ihm die Gesundheit erbitten. Dabei sind sie nicht auf ein übernatürliches Eingreifen Gottes fixiert, sondern halten genauso einen natürlichen Gesundungsprozess für möglich. Die Vorstellung, dass Medikamente oder Heilpflanzen etwas Verbotenes sind – diese Auffassung wird durchaus in einigen unabhängigen afrikanischen Kirchen[5] oder extremen Pfingstkirchen vertreten –, ist nicht anzutreffen. Vielmehr wird in manchen Heilungsgebeten sogar bewusst Gottes Segen für die Medizin und das Bemühen des medizinischen Personals um Gesundung erbeten.

Zum anderen gibt es den Kreis derer, die die verschiedensten Hilfsmöglichkeiten schon erfolglos ausprobiert haben: Anwendung von Naturheilverfahren, Aktivierung eigener Magiekenntnisse, Besuch eines Medizinmannes oder Aufsuchen eines Arztes. Vielfach wird nun noch ein letzter Versuch mit dem christlichen Heilungsgebet gemacht. Dieser äußerst pragmatische Ansatz liegt – wie später noch aufgezeigt wird – im vorherrschenden traditionalen Weltbild verankert. Man sucht nach der stärksten „Kraft" und ist nur wenig darum besorgt, von woher die Hilfe kommt.

Die Suche nach Heilung wird um so dringlicher, je weniger institutionalisierte medizinische Versorgung verfügbar ist. Auch dort, wo sie angeboten wird, ist sie schlichtweg für viele Teile der Bevölkerung nicht erschwinglich. So lässt sich mit dem monatlichen Einkommen vieler Bauern in der Dritten Welt noch nicht einmal eine Antibiotikabehandlung finanzieren, geschweige denn ein operativer Eingriff. Beobachtungen deuten darauf hin, dass das Phänomen der Heilung durch Gebet tendenziell eher auf dem Lande als in der Stadt anzutreffen ist.

Krankheitstypologie: Wofür und worum wird gebetet?

Typischerweise werden beim Heilungsgebet drei Krankheitsbereiche unterschieden. Die meisten Leiden sind physisch bedingt. Als Beispiel sei das Schicksal einer jungen Frau in Lima genannt, die kurz vor ihrer Hochzeit stand. Durch einen Sturz von der Treppe wurde ihre Wirbelsäule so beschädigt, dass sie nicht mehr gehen konnte. Die Ärzte konnten ihr anhand des Röntgenbefundes keine Hoffnung auf Genesung machen. Ihr zukünftiger Mann war nicht bereit, sie trotz der zu erwartenden Behinderung zu heiraten. In dieser Not bat sie ein Heilungsteam ihrer katholischen Kirche um Hilfe. Durch das Gebet dieser Gruppe wurde sie geheilt, konnte wieder gehen und ihre Hochzeit feiern.[6]

Einen weiteren Bereich stellt die „Innere Heilung" dar. Hierbei erfahren Menschen Befreiung von Folgen psychischer Verletzungen und seelischen Belastungen, die sie – bedingt durch ihre Lebensumstände – erfahren haben. Als Beispiel können das spontane Freiwerden von Alkoholismus oder Drogen sowie die Heilung von traumatischen Erlebnissen genannt werden. Vielfach werden gerade diejenigen, die Gesundung so dramatisch erlebt haben, wiederum Mitarbeiter dieser Gebetskreise, wie das Beispiel von Kinderprostituierten in Thailand zeigt: „Eine Gruppe von entwürdigten jungen Mädchen erhielt ihre Lust am Leben zurück und durfte die Freude entdecken, die in Gott zu finden ist. Heute sind oft gerade sie es, die anderen während der Segnungszeiten im Gebet dienen".[7]

Im „Befreiungsdienst" geht es darum, dass Menschen von sogenannter Dämonenbesessenheit frei werden oder dem Einflussbereich der Dämonen entzogen werden. Während in Seligers Bericht die Frau, die des Nachts von einer unbekannten Macht gewürgt wird und keine Luft mehr bekommt, durch eigenes Gebet und Bibellesen wieder zur Ruhe findet[8], schildert Mokrosch die Wirkung eines stellvertretenden Pfarrergebets. Mehrere Massaifrauen eines Wohngebietes konnten nicht mehr sprechen, verloren ihre Kinder im fünften Monat der Schwangerschaft und krochen manchmal wie Tiere auf allen vieren. Eine von ihnen hatte sich schreiend in einen Dornenhain in der Steppe zurückgezogen. Durch das Gebet eines Pfarrers wurde sie schlagartig wieder „normal", kehrte zurück und entwickelte sich zu einer wichtigen Persönlichkeit in der Dorfgemeinschaft.[9]

Wie läuft das Heilungsgeschehen praktisch ab?

Lässt nun ein Kranker für sich beten, kann es sein, dass er spontan Heilung erfährt. Gewöhnlich ist für den Betenden nicht vorhersehbar, wie die Antwort auf das Gebet aussehen wird. Manchmal bekommt er jedoch aufgrund innerer Eindrücke oder einer Vision die Gewissheit, dass Gott heilen wird und spricht dies dem Kranken im Gebet zu. Doch das ist die Ausnahme. Ebenso kommt es vor, dass nach einmaligem Gebet eine tendenzielle Besserung zu beobachten ist und daraufhin nochmals gebetet wird. Dieser Vorgang kann durchaus mehrmals wiederholt werden, bis zur vollständigen körperlichen Wiederherstellung. Oft geschieht es auch, dass nach dem Gebet eine Genesung einsetzt und der Kranke nach und nach gesund wird. Selbst wenn beim Gesundungsprozess Medikamente eingenommen wurden, wird Gott als der Handelnde gesehen, der die Gesundheit geschenkt hat.

Was ist nun aber mit denen, die trotz Heilungsgebet nicht gesund werden? Hier gibt es keine einheitliche Antwort. Ein Teil derer, die für Kranke beten, beansprucht von vornherein nicht, dass immer Heilung eintritt. Diese Gruppe sieht ihren Dienst an Kranken zuerst einmal als eine Beauftragung Gottes an die Christen, der sie entsprechen wollen. Sie sehen ihre Aufgabe im Beten, und Gottes Aufgabe im Heilen. Von daher problematisieren oder hinterfragen sie den Glauben des Kranken nicht, wenn kein augenfälliger „Erfolg" eintritt. Andere Gruppen erliegen der Gefahr, dass sie eine monokausale Verbindung zwischen dem Glauben des Kranken und dem Gesundwerden sehen. Bei Nichteintreten der Gesundung wird das dem fehlenden oder mangelnden Glauben des Heilungssuchenden zugeschrieben. Die Tragik, die sich hinter diesem verkürzten Verständnis für die Betroffenen verbirgt, lässt sich nur erahnen.

Mit der Frage, wer gesund wird, ist auch unmittelbar die Frage verbunden, ob und welche Voraussetzungen der Kranke „mitbringen" muss, damit für ihn gebetet wird. Auch hier ist kein einheitliches religionssoziologisches Muster festzustellen. Beobachtbar ist etwa, dass in China sehr stark die Auffassung vertreten wird, dass der Heilungssuchende zuvor den christlichen Glauben annehmen muss. Ähnliches ließe sich von katholisch-charismatischen Gebetskreisen in Peru sagen. Vor dem eigentlichen Heilungsgebet findet ein Gespräch über den Glauben statt, in dem die zentralen Aussagen des Christentums erklärt werden. Bekennt sich der Kranke daraufhin zu Jesus Christus, wird für ihn gebetet. Die Problematik dieses Heilungsverständnisses liegt auf der Hand: Der nichtchristliche Kranke, oft in einer aktuellen Notlage, fühlt sich gedrängt, den Glauben anzunehmen, damit er die letzte Heilungshoffnung nicht verspielt. Vielfach weiß der Betroffene aufgrund seiner Prägung durch die traditionale Religion gar nicht, das dieses Bekenntnis zu Jesus weitreichende Konsequenzen hat. Es gibt aber auch viele Heilungsgruppen, die unabhängig von der Religionszugehörigkeit des Kranken für ihn beten.

Motivation für den Heilungsdienst bei den Betern

Wie kommt es dazu, dass sich Christen bereit finden, für andere um Heilung zu beten? Manche von ihnen können von einem speziellen „Berufungserlebnis" berichten, durch das sie sich in diese Aufgabe gestellt sehen. So berichtet eine Frau von einer Audiovision, in der Gott ihr mitteilte, dass sie ihm dienen solle und dieser Dienst am nächsten Tag beginnen würde. An jenem Tag wurde sie zu einem Kranken gerufen, um für ihn zu beten. Am folgenden Tag wurde er gesund. Seit diesem Erlebnis ist diese Frau zusammen mit anderen Mitgliedern ihrer Gemeinde in diesem Bereich aktiv und fing den ersten Heilungsgebetskreis in der Evangelisch-Christlichen-Kirche von West Papuas (Irian Jaya) an. Inzwischen ist sie weit über ihre Kirche hinaus als Heilerin bekannt.

Entgegen allgemeiner Vorstellungen können die meisten in diesem Dienst Engagierten jedoch nicht mit einem speziellen Berufungserlebnis aufwarten. Sie möchten sich in die Gemeinde einbringen und suchen ein Betätigungsfeld. Da sie von Heilungen und dem Auftrag, für Kranke zu beten, in der Bibel lesen, wollen sie das auch gerne tun. Manchmal handelt es sich auch um die gewählten Gemeindeältesten einer Kirchengemeinde, die Haus-und Krankenbesuche als ihre Aufgabe sehen. Für andere wiederum ist ihr Engagement die dankbare Antwort auf eine selbst erfahrene Heilung. Es kommt sogar vor, dass Christen ganz ungewollt aufgrund einer Notlage zu Heilern werden, wie von Kiel über die Pepo-Epidemien (Geistbesessenheit) unter den Massai-Frauen und den Gebetsdienst der Pfarrer der Lutherischen Kirche in Tansania berichtet wird.[10]

Beim Beginn solcher Heilungsgruppen sind herausragende Gaben und Begabungen einzelner nur selten klar ersichtlich. Diese stellen sich mit der Zeit ein, wenn die Leute durch Beobachtung und Gebet sehen, wer am besten in einen der vielen Bereiche des Heilungsdienstes einzusetzen ist: Organisation, Seelsorge am Kranken, Verkündigung, Singen, Anbetung Gottes, geistliche Eindrücke und Heilungsgebet.

Formenvielfalt des Heilungs- und Befreiungsdienstes und Fehlentwicklungen

Auffällig ist, dass den Gebetsdiensten keine durchformulierte Heilungstheologie zugrunde liegt und es meist auch keine Heilungsseminare gibt, in denen man nach westlichem Muster die Grundlagen eines Heilungsdienstes in Theorie und Praxis erlernen kann. Das Ganze ist mehr einem lebendigen Wachstumsprozess nach dem Muster „learning by doing" unterworfen. Impulse für das eigene Engagement holt man sich ganz undogmatisch von den Kreisen und Gruppen, die Erfahrung haben. Dies hat zur Folge, dass dieser Dienst auch in vielen historischen Kirchen oft eine eher charismatisch-pfingstlich geprägte Form hat. Die verantwortlichen Leitungen der historischen Kirchen unterstützen dieses Engagement nur selten aktiv durch Schulungen und Programme, um so zu eigenen theologisch verantwortbaren Ausdrucksformen zu kommen.

Die generell festzustellende Formenvielfalt deutet darauf hin, dass der äußere Ablauf des Heilungsdienstes kulturabhängig ist, beziehungsweise stark vom Umfeld geprägt wird, in dem der einzelne das Gebet für Kranke gelernt hat. Auch aus den biblischen Berichten kann kein Schema abgeleitet werden, wie der Heilungsdienst zu geschehen hätte. So betont Wimber nachdrücklich, dass es keine Formel oder Methode gibt, die Heilung „herbeiführen" könne.[11]

In den Heilungsdiensten, die offensichtlich hohe Heilungshäufigkeit aufweisen, besteht latent die Gefahr, dass Heilungen von einzelnen showartig dazu benutzt werden, um in der Öffentlichkeit als erfolgreich darzustehen. Wie ist es anders zu verstehen, wenn etwa ein Evangelist nach einigen erfolglosen Gebetsversuchen eine blinde Frau mehrmals vor der Öffentlichkeit ausrufen lässt „ich bin geheilt" und sie dann schnell von Helfern zurück an ihren Platz bringen lässt?[12]

Eine andere Gefahr ist in der Kommerzialisierung der Heilungsgabe zu sehen. Es ist für den oft sehr armen Christen, der für Kranke betet, aus einsichtigen Gründen mehr als schwer, den materiellen Versuchungen in richtiger Weise zu begegnen. Auf einmal wird er aus Dankbarkeit mit Radios, Kühlschränken und Fernsehern überhäuft – mehr als es seine kleine Holzhütte fassen kann. Wie soll er damit umgehen? Arm bleiben? Alle Geschenke verkaufen? Wohin dann mit dem Geld? Und wenn man das Geld für sich behält, ist der Schritt zum Heilungsbusiness nicht mehr weit: Kauf eines größeren Hauses, Einrichtung eines stattlichen Sparkontos oder die Eröffnung eines kleinen Ladens. Im Extremfall müssen die Heilungssuchenden sogar noch für das Gebet bezahlen.

Heilungen in traditionalen Religionen und das christliches Heilungsverständnis

Im Zentrum traditionaler Religionen steht die Suche nach Kraft. Das religiöse Leben wird von dem Ziel bestimmt, die notwendige Lebenskraft zu erhalten oder, wenn möglich, zu mehren.[13] Diese Kraft wirkt in zwei miteinander verwobenen Welten: der „materiellen Welt", die etwa aus Menschen, Tieren oder Pflanzen besteht, und der „spirituellen Welt", in der spirituelles Doppel, Totenseelen, Geister, Ahnen, Gottheiten und unter Umständen auch Gott existieren. Beide Welten sind für den Anhänger der traditionalen Religion gleichermaßen real. Sie existieren gleichzeitig, am gleichen Ort und beeinflussen sich wechselseitig. Harmonie als ein Gleichgewicht aller Kräfte ist das, wonach der Mensch sich sehnt. Negative spirituelle Kräfte wie die Aktivität böser Geister oder magische Praktiken nicht wohl gesonnener Mitmenschen verursachen Krankheit.[14] „Krankheit signalisiert eine Störung dieses Gleichgewichts und kann möglicherweise lebensbedrohliche Folgen nicht nur für den einzelnen, sondern auch für seine Familie und die Dorfgemeinschaft haben. Jede Krankenheilung ist daher auf eine Wiederherstellung der Balance ausgerichtet".[15] Der traditionelle Heiler wird in diesem umfassenden Krankheitsverständnis von Mbiti als Freund, Seelsorger, Psychiater und Arzt gesehen.[16]

Dieses Konzept, dass spirituelle Kräfte direkten Einfluss auf Erfolg, Fruchtbarkeit, Wohlstand und körperliches Wohlergehen nehmen können, kommt dem Verständnis der christlichen Heilungsgruppen entgegen. Auch sie erwarten eine ganzheitliche Heilung, jedoch durch die Kraft des Heiligen Geistes. Die Heilung ist dementsprechend nicht nur auf die körperlichen Symptome der Krankheit gerichtet, sondern es geht auch um die Wiederherstellung der Gottesbeziehung. Nicht selten sieht man im Krankheitsgeschehen das Wirken böser Mächte, die es zurückzuweisen gilt.[17] Auch hier gibt es ein Diesseits und Jenseits, zwischen denen vielseitige Beziehungen bestehen und geistliche Machtkämpfe stattfinden. Missionstheologisch werden diese Gedanken im Konzept des „Power Encounter" reflektiert.[18]

Es wurde deutlich, dass das Heilungskonzept traditionaler Religionen und das Heilungsverständnis der Gebetsgruppen eine gewisse Kongruenz (Schäfer) beziehungsweise Parallelstruktur (Käser) aufweisen. Das sollte jedoch nicht zu der Annahme verleiten, dass Heilungskreise für eine Zusammenarbeit mit traditionellen Heilern sind, wie es etwa Purcell für Papua Neuguinea vorschlägt.[19] Vielmehr wird der Medizinmann als Vertreter einer Religion gesehen, von der sich ein Christ radikal trennen muss.[20] Hinter diesen unterschiedlichen Auffassungen stehen theologische Grundsatzfragen, die bis heute in der Missionswissenschaft, wie auch die Weltmissionskonferenz von Athen 2005 zeigt, nicht geklärt sind.[21]

Zusammenhang von Krankengebet, Evangelisation und Gemeindewachstum

Das Gebet für Kranke steht jedem offen, der es wünscht. Zugang gewinnt der dem christlichen Glauben Fernstehende dadurch, dass christliche Freunde oder Bekannte ihn darauf hinweisen, dass er durch Gebet geheilt werden kann. Manchmal sind es aber auch die Berichte der Geheilten, die den Hilfesuchenden veranlassen, sich an Christen zu wenden.

Die erfolgte Heilung wird als ein überzeugender Beweis dafür gesehen, dass der Heilige Geist die wirkungsvollste Kraft unter allen Mächten ist. Und so findet die Suche nach Lebenskraft oft ihre Antwort in der Hinwendung zum christlichen Glauben. Schätzungen der chinesischen Kirchenleitung besagen, dass mindestens die Hälfte der Christen im ländlichen Raum sich aufgrund von Heilungserfahrungen dem christlichen Glauben zugewandt haben.[22] Und weit mehr als die Hälfte von konvertierten Moslems in Nahen Osten kann über besondere Erfahrungen wie etwa Träume, Visionen und Heilungen berichten.[23] Auch im buddhistischen Kontext der Christlich-Protestantischen Bali-Kirche ist es ein oft zu beobachtendes Phänomen, dass Menschen aufgrund von Heilungen Christen werden.[24]

Für das Verständnis dieser Konversionen ist es wichtig zu sehen, dass sie in gemeindeorientierten Heilungskreisen nicht intendiert sind. So wenig es eine Heilungstheologie gibt, so wenig wird das Bekehrungsgeschehen in evangelisationsstrategischen Zusammenhängen gedeutet. Zwar ist man sich bewusst, dass viele Geheilte Christen werden und man freut sich darüber, dass die Gemeinden wachsen; aber aufgrund von erhofften Bekehrungen um Heilung zu beten, ist diesen Gruppen fremd. Vielmehr ist es die erlebte individuelle Not, die mit jeder Krankheit verbunden ist, die mitleiden, mit Anteil nehmen und beten lässt.

Nach der Heilung schließt sich der Bekehrte gewöhnlich dem Leben einer Kirchengemeinde an. Insbesondere dort, wo es neben den Heilungskreisen auch ein vielfältiges Angebot an Gebets- und Bibelgruppen gibt, erfährt er, dass das Erleben der Nähe Gottes nicht auf eine einmalige Not beschränkt sein muss, sondern dass Gottes Liebe und Fürsorge auch in seinem beschwerlichen Alltag erfahrbar sind. Der Heilige Geist wird persönlicher Kompass in den politischen, ökonomischen und sozialen Krisen und Katastrophen der Zeit. Die Gottesdienste solcher Gemeinden erschöpfen sich nicht in der Weitergabe dogmatischer Richtigkeiten und moralischer Forderungen, vielmehr werden die Besucher in ein lebendiges Glaubensgeschehen mit hineingezogen: „Die Sendung des Heiligen Geistes ist die Offenbarung der unzerstörbaren Lebensbejahung Gottes und seiner wunderbaren Lebensfreude".[25] Dieser Glaube steckt an. Kirchenwachstum ist eine natürliche Konsequenz daraus.

Die soeben beschriebene Trias „Heilung – Gebet – Bibel" ist in historischen Kirchen verschiedenster konfessioneller und kultureller Prägung zu finden, also nicht speziell auf Pfingstkirchen oder afrikanische unabhängige Kirchen beschränkt.[26] Als Beispiele können hier die Mekane-Yesus Kirche in Äthiopien[27], die Batak-Kirchen Nordsumatras[28], die katholischen Kirchen Ugandas[29] sowie die chinesische Kirche genannt werden.[30]

Natürlich weisen die Kirchen eine unterschiedliche Offenheit für neue Impulse auf und Spannungen bleiben nicht aus. Allgemein kann aber gesagt werden, dass weniger die theologischen Implikationen dieses Ansatzes problematisiert werden, sondern eher ein Unbehagen an den Ausdrucksformen geäußert wird. Zukünftig wird es daher neben der theologischen Reflektion auch darum gehen müssen, äußere Formen zu finden, die in viel stärkerem Maße der eigenen kirchlichen Identität Rechnung tragen. Das gilt weniger für die chinesische Kirche, da sie aufgrund einer langen Zeit der politisch erzwungenen Isolation eigenständige, mit den Erfordernissen der lokalen Kirche übereinstimmende Formen entwickeln musste, und sich so in diesem Bereich Überfremdungsängste gar nicht erst entwickeln konnten.

Gesellschaftspolitische Relevanz von Heilung und Befreiung

Untersucht man die soziale Struktur der Kirchengemeinden, in die die Heilungskreise eingebunden sind, fällt ihr starker Beteiligungscharakter auf. Die vielen kleinen, dezentral und zumeist von Laien verantworteten Gruppen und Kreise sind sehr nah an den alltäglichen Sorgen und Bedürfnissen der Gesellschaft orientiert. Das schafft eine einladende Atmosphäre, in der die Besucher menschliches Angenommensein, psychologischen Halt und Solidarität erfahren. Hier wird für sie in einem kleinen Lebensbereich spürbar, dass der Mensch eine unveräußerliche Würde hat. Darüber hinaus werden sie aber auch sehr schnell dazu ermutigt, ihre Gaben und Fähigkeiten auszuprobieren und sie in die Gemeinschaft einzubringen.

Wie sehr die „Rekonstruktion vertrauenswürdiger Verhältnisse" (Müller-Fahrenholz) als Befreiung und innerer Halt erlebt wird, kann nur auf dem Hintergrund des um sich greifenden Pan-Ökonomismus in den Ländern der Dritten Welt erahnt werden. Er unterwirft nicht nur die Güterproduktion und -verteilung ökonomischen Effizienzkriterien. Vielmehr werden alle Aspekte des Lebens – materielle, geistliche und intellektuelle – als Ware betrachtet und an den Meistbietenden verkauft: Schönheit, Berufszugang, Rechtssystem, Religion, Gerechtigkeit, Information, Sexualität, Raum, Zeit, staatliche Ordnungsvorstellungen, menschliche Beziehungen, Gesundheit und Sterben. In diesem A-nomie-Zustand sind Normen auf breiter Front ins Wanken gekommen und bestehende Werte und Orientierungen haben an Verbindlichkeit verloren. Die ehemals tragenden Moralvorstellungen sind erodiert und die soziale Kontrolle versagt weitestgehend.

Der Entwicklungsländersoziologe Elwert weist nun darauf hin, dass die Kraft zum Protest gegen die Ökonomisierung des Lebens vielfach von religiösen Bewegungen ausgeht.[31] Sie bauen in ihrer kleinen, überschaubaren Welt eine Gegenkultur auf und versuchen gemäß dieses neuen Verständnisses – wie bruchstückhaft auch immer – in der Gesamtgesellschaft zu leben. Und selbst da, wo diese Gruppierungen eine bewusst apolitische Intention aufweisen, kann es durchaus sein, dass sie gleichwohl als kritische Kraft indirekt auf die Gesellschaft einwirken.[32] Gelebte Spiritualität kann beispielsweise traditionelle Autoritätsstrukturen durchbrechen[33] und so indirekt ein kleiner Beitrag zum Aufbau einer demokratischeren Zivilgesellschaft sein. Auch gibt es neue Lebenshoffnung, wenn unabhängig von sozialer Schicht, ethnischer Zugehörigkeit und Geschlecht gemeinsam gebetet und Bibel gelesen wird, wenn Ärzte kostenlos Arme behandeln, Installateure umsonst Menschen in notdürftigen Unterkünften zu Strom und Wasser verhelfen und Bedürftige Kleidung bekommen.

Dass ein sich Besinnen auf die spirituellen Kräfte in einer vertrauten Mitwelt nicht automatisch Weltabgewandtheit bedeuten muss, zeigen auch die Erfahrungen der Pfingstkirchen[34] und der charismatischen Gruppen.[35] Zwar haben sie kaum Chancen, die soziopolitischen Strukturen sofort zu verändern und es gelingt ihnen zunächst nur, aufgrund neuer Werte und Normen ihr eigenes Leben und das ihrer kleinen Mitwelt verantwortlich zu gestalten. Langfristig besteht aber die begründete Aussicht, dass die christliche Ethik, die diese Veränderung bewirkt hat, auch für den politisch-wirtschaftlichen Umbau der Gesamtgesellschaft fruchtbar gemacht werden kann.[36]

Ob ähnliches auch für Bewegungen innerhalb der historischen Kirchen gilt, bleibt abzuwarten. Für eine umfassende Beurteilung ist es zu früh, da sind sie zumeist noch zu jung oder zu klein sind, um jetzt schon Breitenwirkung zeigen zu können. In jedem Fall eröffnet sich für die Theologie ein weites Forschungsfeld: während Entwicklungsländerökonomen und -soziologen längst die Bedeutung von Religion und Ethik erkannt haben – neben den klassischen Produktionsfaktoren wird vom Moralkapital einer Gesellschaft gesprochen –, fehlen in der Diskussion weithin theologische und religionssoziologische Stimmen.[37]

Offensichtliche Defizite westlicher Theologie und Missiologie

Wie deutlich wurde, ist die Praxis der Krankenheilung durch Gebet in vielen Partnerkirchen der deutschen kirchlichen Missionsgesellschaften üblich. Es erstaunt daher, dass das Thema Heilung im deutschsprachigen theologischen Wissenschaftsbetrieb – von Ausnahmen wie Becken[38] und Grundmann[39] einmal abgesehen – kaum Beachtung findet.[40] Wietzke geht sogar noch weiter, indem er kritisiert, dass es noch nicht einmal theologisch ausreichende Kategorien zur Einordnung von Wundern und Heilungen gäbe.[41] Folgerichtig konstatiert Hoch für die historischen Kirchen Lateinamerikas eine Hilflosigkeit, über biblische Heilungsgeschichten zu predigen.[42] Warum fällt es nun der westlichen Theologie so schwer, diese Fragestellung aufzugreifen?

Westliche Theologie, die sich der liberalen Tradition verpflichtet weiß, ist vom Denken der Aufklärung geprägt: Wenn „jemand Theologie betreibt und sich ernsthaft damit beschäftigt, den Wahrheitsanspruch christlicher Inhalte einzuschätzen, dann kann jemand aus dem Westen nicht so tun, als hätte es die Aufklärung nicht gegeben", meint Gifford.[43] Für Bultmann ergibt sich daraus bezüglich der Heilung durch Gebet oder Gebetsheilungen folgende Konsequenz: „Man kann nicht elektrisches Licht und Radioapparat benutzen, in Krankheitsfällen moderne medizinische und klinische Mittel in Anspruch nehmen und gleichzeitig an die Geister- und Wunderwelt des Neuen Testaments glauben".[44]

Wie kommen nun die Kirchen der Dritten Welt mit diesem westlichen Theologieverständnis klar? Wohl nur schwer. Und so richtet sich etwa George[45] im indischen Kontext „gegen das Manipulieren der Bibel und das Aufgebot von Macht im Namen der wissenschaftlichen Objektivität und der ideologischen Neutralität" und ist auf der Suche nach einem eigenen, indigenen und theologisch verantwortbaren Verstehensansatz, der den Zugang zu einer von Mythos, Mysterium und meditativer Meditation geprägten Kultur nicht von vornherein verbaut. Mahamba plädiert gar dafür, die Entsendung kirchlicher Mitarbeiter in seine Evangelisch-Lutherische Kirche im südlichen Afrika zu unterbrechen, da sie aufgrund ihrer theologischen Ausbildung die von Zeichen und Wundern geprägte Glaubenswelt der einheimischen Christen überhaupt nicht erfassen könnten.[46]

Hier stellt sich die Frage, ob die westliche auf dem Boden der Aufklärung gewachsene Theologie den Mut findet, über ihren theologischen Rationalismus kritisch zu reflektieren. Dass hier die Art und Weise, wie Theologie betrieben wird, zur Diskussion gestellt werden muss, hebt auch Grundmann hervor, wenn er sagt: „Doch da die von der europäischen Geistesgeschichte bestimmte Art und Weise Theologie zu treiben Heilung bislang allgemein eher vernachlässigt denn thematisiert hat, führt der geforderte Dialog in große Verlegenheit (...). Allen, die sich auf ein solches Gespräch einlassen, wird dabei recht deutlich, dass sie ihr bisheriges Verständnis von Theologie zu revidieren haben, da es nicht mehr nur um die argumentative Profilierung rationaler Lehrsätze vor dem Hintergrund spezifischer Traditionen des Glaubens geht, sondern um die verstehende Kommunikation über relevante Wirklichkeitserfahrungen im Horizont christlicher Weltdeutung, die das Ganze der Theologie betreffen und nicht nur ein Teilaspekt".[47]

Wollen wir von der Dritten Welt lernen?

Trotz teilweise weit verbreiteter Praxis der Heilung durch Gebet in den historischen Kirchen kommt ein Dialog mit den europäischen Partnern darüber nur zögerlich zustande. Veller vermutet, dass die Angst vor rationalistischen Analysen und Erklärungsversuchen die tansanischen Missionskirchen schweigen lässt.[48] Ähnliches ließe sich über die chinesische Kirche sagen: Während der einfache Laie ganz unbefangen mit dem westlichen Besucher über Heilung reden kann, reagieren offizielle Kirchenvertreter zumeist verlegen, versuchen dieses Phänomen mit mangelnder Schulausbildung zu entschuldigen und bemühen sich, das Gespräch höflich und schnell zu beenden.[49] Aber es gibt auch gelungene Begegnungen wie die internationale Konsultation der Vereinte Evangelische Mission zu diesem Thema.[50]

Wie auch immer diese Irritationen im einzelnen zu erklären sind, zeigen diese beiden Beobachtungen doch, dass die Annäherung an ein so mit den Tiefenschichten eines Menschen verbundenen Themas „geschützter Räume" bedarf. Interessant ist hier ein Beispiel aus Südafrika: In der einladenden Atmosphäre eines Gottesdienste in einer afrikanischen unabhängigen Kirche werden wie selbstverständlich die deutschen Kirchenführer beim Gebet für Kranke in das Geschehen mit hinein genommen. Und obwohl manches ungewohnt war – keiner von ihnen hatte bisher Kranken die Hände aufgelegt – war diese Erfahrung auch eine Stärkung für ihren Glauben, weil sie die Gemeinschaft der Heiligen, die sie daheim jeden Sonntag als ihren Glauben bekennen, konkret erlebten.[51]

Natürlich können Ausdrucksformen des Glaubens nicht einfach kopiert werden, weder in die eine, noch in die andere Richtung. Aber das obige Beispiel zeigt, dass es sich lohnen kann, im gemeinsamen Miteinander mehr Möglichkeiten zu schaffen, in denen der reiche Erfahrungsschatz, den die historischen Kirchen des Südens in ihrer Gebetspraxis für Kranke haben, auch mit uns Christen des Westens geteilt werden kann. Denn es braucht Antworten auf eine wachsende Sehnsucht nach Heilung.[52]

---

[1] Der Artikel erschien unter: „Heilung durch Gebet in historischen Kirchen: Erfahrungen im ökumenischen Kontext" *Zeitschrift für Missionswissenschaft und Religionswissenschaft* 83 (1999)1:31-41 und wurde für die Drucklegung überarbeitet.

[2] Währisch-Oblau, Claudia. „Gemeindewachstum durch Krankenheilungen. Heilungsgebet und Heilungserfahrungen in chinesischen Gemeinden". *Mitarbeiterbrief (der Vereinten Evangelischen Mission)* (1998) Nr. 5:26-30 [26].

[3] Veller, Reinhard. „Zeichen und Wunder – die charismatische Bewegung erfasst die evangelischen Kirchen Ostafrikas", S. 60-73, in: Evangelisches Missionswerk (Hg.), *Fundamentalismus*

in Afrika und Amerika. Historische Wurzeln – Erfahrungen – Problemanzeigen. Hamburg: Missionshilfe-Verlag, 1993.

[4] Etwa: Gifford, Paul. *The New Crusaders: Christianity and the New Right in Southern Africa.* London: Pluto, 1991.

[5] Wermter, Oskar. „Afrika auf der Suche nach Heilung. Vielfalt und Wirrnis christlicher Bewegungen". *Die Katholischen Missionen* (1996) Nr. 3: 85-89 [87].

[6] Kusch, Andreas. Teilnahme an einem Gebetstreffen einer Gruppe der katholisch-charismatischen Gemeindeerneuerung in Lima/Peru im Juli 1984.

[7] Charisma. „Thailand: Heilung von Kinderprostituierten durch die Vaterliebe Gottes", *Charisma* 14 (1998) Nr. 104:11 [11].

[8] Seliger, J.. „Dämonenmacht oder Geisteskraft". *Mitteilen* (1994) 3:18 [18].

[9] Mokrosch, Reinhold. „Im Banne der Dämonen. Spiritualität und Moral tansanischer Christen". *Evangelische Kommentare* (1997) Nr. 8:447-449 [448].

[10] Kiel, Christel. *Christen in der Steppe. Die Maasai Mission der Nord-Ost-Diözese der Evangelisch-Lutherischen Kirche in Tanzania.* Erlangen: Verlag der Evangelisch-Lutherischen Mission, 1996.

[11] Wimber, John und Kevin Springer. *Heilung in der Kraft des Geistes.* Hochheim: Projektion J, 1986, S. 16.

[12] Kusch, Andreas. Teilnahme an einer Evangelisationsveranstaltung der Assemblée de Dieu in Ouagadougou, Burkina Faso im November 1990.

[13] Ahrens, Theodor. „Concepts of Power in a Melanesian and Biblical Perspective", S. 62-86, in: Melanesian Institute (Hg.), *Christ in Melanesia: Exploring Theological Issues,* Goroka, 1977 und Sundermeier, Theo. *Nur gemeinsam können wir leben. Das Menschenbild schwarzafrikanischer Religionen.* Gütersloh: Gütersloher Taschenbücher, 1988, S. 29.

[14] Käser, Lothar. *Fremde Kulturen. Eine Einführung in die Ethnologie für Entwicklungshelfer und kirchliche Mitarbeiter in Übersee.* Erlangen: Verlag der Evangelisch-Lutherischen Mission, 1997, S. 237ff.

[15] Hürter, Friedegard. „Krankheit und ihre Heilung in afrikanischer Tradition". *Im Gespräch* (1989) 1:16-17 [16].

[16] Mbiti, John S.. *Afrikanische Religion und Weltanschauung,* Berlin: de Gruyter, 1974, S. 216.

[17] Schwarz, Brian. „Holy Spirit Movements", S. 255-278, in: E. Mantovani (Hg.). *An Introduction to Melanesian Religions,* Point Series Nr. 6, Goroka: The Melanesian Institute, 1987, S. 264f.

[18] Müller, Klaus W.. (Hg.). *Mission als Kampf mit den Mächten. Zum missiologischen Konzept des „Power Encounter".* Referate der Jahrestagung 1993 des Arbeitskreises für evangelikale Missiologie. Nürnberg: VTR / Bonn: VKW, ³2003; kritisch dazu: Hock, Klaus. „Jesus-Power – Super-Power. Annäherung an die Schnittstellen zwischen christlichem Fundamentalismus und Neuen Religiösen Bewegungen in Afrika". *Zeitschrift für Mission* 21 (1995) 3:134-150.

[19] Purcel, R. „Healing Ministry – A Cultural Necessity". *Catalyst,* 19 (1989) 4:373-384 [382].

[20] Peter, Benedikt. „Die heiligen Haine bleiben. Traditionelle Religion unter dem Mantel von Christentum und Islam". *Mitteilen* (1996) Nr. 2:18-19 [19].

[21] Vorbereitungspapier für Athen 2005 Nr. 11: Der Heilungsauftrag der Kirche. http://www.oikumene.org/index.php?id=807&L=2&type=98, 20.06.2005, S. 17.

[22] Währisch-Oblau, Claudia. „Die Kirchen im Bereich des Chinesischen Christenrates", S. 74-79, in: Evangelisches Missionswerk (Hg.), *Computer, Kirche und Konfuzius. Einblicke in das China von heute*, Hamburg: Missionshilfe-Verlag, 1997 [78].

[23] Sakals, Angelika, Rolf-Dieter Braun und Immanuel Malich. „Neue Offenheit für das Evangelium". *Der Auftrag* (1996) Nr. 59:8-9 [9].

[24] Beyer, Ulrich. *Bali – Der Morgen der Welt. Evangelium und Kirche auf Bali*. Frankfurt: Lembeck, 1998, S. 59.

[25] Moltmann, Jürgen. *Die Quelle des Lebens. Der Heilige Geist und die Theologie des Lebens*. Gütersloh: Kaiser, 1997, S. 27.

[26] Rosny, Eric de. *Heilkunst in Afrika*. Wuppertal: Peter Hammer Verlag, 1994, S. 139.

[27] Stotter, H. „Der Geist weht, wie er will. Charismatische und traditionelle Frömmigkeit in der Mekane-Yesus-Kirche". *Mitteilen* (1996) 2:14-15 [14].

[28] Lumbanntobing, Bonar H.. „Christentum mit neuem Gesicht. Die evangelikale Bewegung in Nordsumatra". *In die Welt – für die Welt* (1996): Nr. 4:4-6 [6].

[29] Sievers, Ernst. „Impulse aus der Erweckung in Uganda". *Charisma* 14 (1998) Nr. 104:18-19.

[30] Währisch-Oblau. Die Kirchen im Bereich des Chinesischen Christenrates. S. 77f.

[31] Elwert, Georg. „Ausdehnung der Käuflichkeit und Einbettung der Wirtschaft. Markt und Moralökonomie", S. 300-32, in: Klaus Heinemann (Hg.), *Soziologie wirtschaftlichen Handelns*. Sonderheft 28 der Kölner Zeitschrift für Soziologie und Sozialpsychologie. Opladen: Westdeutscher Verlag, 1987, S. 308ff.

[32] Ahrens, Theodor. „Fundamentalismus und Enthusiasmus. Einige Anmerkungen aus missionstheologischer Sicht", S. 66-90, in: Evangelisches Missionswerk in Deutschland (Hg.), *Geistbewegt und bibeltreu. Pfingstkirchen und fundamentalistische Bewegungen – Herausforderung für die traditionellen Kirchen*, Hamburg: EMW, 1995, S. 74-76.

[33] Scheunemann, Detmar. *... und führte mich hinaus ins Weite. Studien über das Wirken des Heiligen Geistes in Indonesien und anderswo,* Wuppertal: Brockhaus, 1980, S. 53.

[34] Lang, K.. „Seelen kann man nicht kaufen. Pfingstkirchen in Lateinamerika". *Die Weltmission* (1994) Nr. 6:5-7; Schäfer, Heinrich. „Herr des Himmels, gib uns Macht auf der Erde! Fundamentalismus und Charismen: Rückeroberung von Lebenswelt in Lateinamerika". *Materialdienst des Konfessionskundlichen Instituts Bensheim* (1992) 3:43-48.

[35] Harnischfeger, Johannes. „Sekten, Geldgier, Hexerei? In Südnigeria streiten die großen Kirchen gegen charismatische Gruppen". *Der Überblick* 33 (1997) 1:58-65 [64f].

[36] Martin, David. „Faiths Escaping the Hierarchies". *Times Literary Supplement* (1992) Nr. 18: 22. kritisch: Brouwer, Steve, Paul Gifford und Susan D. Rose. *Exporting the American Gospel: Global Christian Fundamentalism*. New York: Routledge, 1996.

[37] Kusch, Andreas. „Kultur und Religion als Themen der Entwicklungszusammenarbeit", S. 78-83, in: Andreas Kusch (Hg.). *Transformierender Glaube, erneuerte Kultur, sozioökonomische Entwicklung. Missiologische Beiträge zu einer transformativen Entwicklungspraxis.* Nürnberg: VTR, 2007; Kusch, Andreas. „Wider eine Dritte-Welt-Romantik: Warum ein falsches Menschenbild Entwicklungserfolge (nicht nur) in der kirchlichen Entwicklungszusammenarbeit verhindert". *Zeitschrift für Mission* 23 (1997)1:29-39 [34f].

[38] Becken, Hans-Jürgen. *Theologie der Heilung – Das Heilen in den Afrikanischen Unabhängigen Kirchen in Südafrika*. Hermannsburg: Missionshandlung, 1972.

[39] Grundmann, Christoffer, H.. *Leibhaftigkeit des Heils. Ein missionstheologischer Diskurs über das Heilen in den zionistischen Kirchen im südlichen Afrika*. Hamburg: LIT, 1996.

[40] Thiede, Werner. „Heilungswunder in der Sicht neuerer Dogmatik". *Zeitschrift für Theologie und Kirche* 100 (2003):90-117 [92].

[41] Wietzke, Joachim: „Rückblick auf den Seminarverlauf. Einleitendes Statement in der abschließenden Auswertungsrunde des Seminars", S. 101-104, in: Evangelisches Missionswerk (Hg.), *Fundamentalismus in Afrika und Amerika. Historische Wurzeln – Erfahrungen – Problemanzeigen.* Hamburg: Missionshilfe-Verlag, 1993, S. 102.

[42] Hoch, Lothar Carlos. „Gott im Körper erfahren – das Phänomen religiöser Heilungen in den Pfingstkirchen und den afro-brasilianischen Kulten als Herausforderung für Medizin und Kirche", S. 27-33, in: Evangelischer Pressedienst (Hg.), *Lateinamerika – Leben und Wirken der evangelischen Kirchen.* edp-Dokumentation 1/97, 1997, S. 31.

[43] Gifford, Paul. „Afrikanische Kirchen, Theologie und Fundamentalismus", S. 44-65, in: Evangelisches Missionswerk (Hg.), *Geistbewegt und bibeltreu. Pfingstkirchen und fundamentalistische Bewegungen – Herausforderung für die traditionellen Kirchen.* Hamburg: Missionshilfe-Verlag, 1995, S. 60.

[44] Bultmann, Rudolf. „Neues Testament und Mythologie", S. 15-48, in: Hans-Werner Bartsch (Hg.) *Kerygma und Mythos I. Ein theologisches Gespräch.* Hamburg: Evangelischer Verlag, 1967, S. 18.

[45] George, Kondothra. M.. „Die Bibel im Kontext: Eine indische Geschichte". *Zeitschrift für Mission* 23 (1997)1:21-28 [26].

[46] Mahamba, M.. „Christentum in Deutschland und die Frage der Mission", S. 86-94, in: Evangelisch-Lutherisches Missionswerk (Hg.), *Jahrbuch des ELM*, Hermannsburg, 199, S. 92ff.

[47] Grundmann, Christoffer H. „Heilung als Thema der Theologie". *Theologische Literaturzeitung* 130 (2005) 3:232-246 [232f].

[48] Veller. Zeichen und Wunder. S. 72.

[49] Kusch, Andreas. Teilnahme an der Easter-Tour der Amity Foundation und des China Christian Council 1998.

[50] "Heilung von den Pfingstkirchen lernen. Bericht und Empfehlungen von der Konsultation zur Charismatischen Bewegung und Heilung. Accra, 12.-19. November 2003". *VEM-Infoservice* (2004) 12/03-01/04:8-12.

[51] Becken, Hans-Jürgen. „Heilen ist Versöhnen zu Gemeinschaft. Heilung in Afrika", S. 76-86, in: Verband Evangelischer Missionskonferenzen (Hg.), *Jahrbuch Mission*, Hamburg: Missionshilfe-Verlag, 1990, S. 85.

[52] Deutsche Institut für Ärztliche Mission (Hg.). *Die heilende Dimension des Glaubens. Antworten auf eine wachsende Sehnsucht.* Studienheft Nr. 5. Tübingen: DIFÄM.

Andreas Kusch

Heilung durch Gebet in der Dritten Welt: Weltbilder, Heilungskonzepte und Erfahrungen

„Niemals zeigte sich so wie heute am helllichten Tag der unheilbare Wunsch nach Heilung, der in jedem Menschen wohnt!".[1/2] Wie kommt das, dass diese Sehnsucht nach Heilung in allen Religionen bis hin zur im Westen verbreiteten Esoterik ein wesentlicher Bestandteil des Lebens und der Alltagsreligiosität ist? Um diese Frage zu klären wenden wir uns zunächst einmal dem Weltbild und Heilungsverständnis der traditionalen Religionen in der Dritten Welt zu. Denn der Volksglaube aller Hochreligionen hat in unterschiedlichem Maße und in unterschiedlicher Intensität Vorstellungen und Gebräuche der traditionalen Religionen übernommen.[3] Und insbesondere dann, wenn es um persönliche Krisenereignisse wie Krankheit geht, spielen die Bewältigungsstrategien traditionaler Religionen eine große, wenn nicht sogar entscheidende Rolle. Danach wird untersucht, welches Weltbild der Arbeit der klassischen Missionen zugrunde lag und in welcher Weise sie mit ihrem Gesundheitsverständnis auf die Nöte der Menschen eingehen konnten. Diese Erörterungen geben den Bezugsrahmen ab, in dem die Gebetspraxis der Heilungsgruppen dargelegt und ihr theologischer Fokus aufgezeigt wird.

Das Weltbild traditionaler Religionen

Die Beschäftigung mit Krankheit und Gesundwerden ist ein wesentlicher Faktor in allen traditionalen Religionen. Sie ist eingebunden in eine Weltsicht, die Erklärungen über Natur und Kosmos beinhaltet, die Spekulationen über das Wesen der Dinge ermöglicht und die Plausibilitätsstrukturen für physikalische, chemische und biologische Vorgänge liefert. Zentral für das Verständnis dieses Weltbildes ist die Vorstellung, dass es neben den materiellen Dingen und Wesen ebenso viele geistartige Dinge und Wesen gibt. Es existiert also jede Wesenheit in zwei Zuständen: einem sichtbaren, materiellen und einem unsichtbaren, geistartigen.[4] In diesem Konzept des spirituellen Doppels sind beide Zustände gleichermaßen real und eng miteinander verwoben. Eingriffe in die spirituelle Welt wirken sich zwangsläufig auch auf die materielle Welt aus, wie auch umgekehrt. Diese Weltsicht unterscheidet dementsprechend nicht zwischen religiös und weltlich oder natürlich und übernatürlich.

Vielmehr ergibt sich – in Anlehnung an Mbiti[5] – die Strukturierung des Kosmos aufgrund des Bezuges aller Dinge zum Menschen. Die Ontologie ist klar anthropozentrisch ausgerichtet. Gott oder ferne Gottheiten fungieren als Urheber und Erhalter des Menschen, die Geister legen die Bestimmung des Menschen fest, und der Mensch ist Mittelpunkt dieser Seinsordnung. Pflanzen, Tiere und Gegenstände stellen die Umwelt da, die seine Existenzgrundlage bilden und zu der er gegebenenfalls in eine mystische Beziehung treten kann.

Diese Ordnung wird von einem Kraft-, Macht- und Energiefluss durchströmt. Während die oberste Gottheit absolute Verfügungsgewalt über diese Kräfte hat, besitzen die Geister und Ahnen in begrenzter Weise Zugang zu ihr. Aber auch die Menschen haben in abgestufter Hierarchie noch eingeschränkt die Möglichkeit, diese Quellen zu nutzen. Die Art und Weise, wie Kraft gedacht wird, sei es personal – beispielsweise als helfender Ahnengeist –, oder apersonal – etwa als abstrakte Wirkkraft –, ist im vorliegenden Zusammenhang weniger wichtig. Entscheidend ist es hingegen, dass der Mensch auf der ständigen Suche nach diesen Kräften, seinen Lebensenergien ist.[6] Er möchte sich so viel wie möglich davon aneignen und sie nach Möglichkeit mehren. Denn sie garantieren ihm ein Leben in Ansehen, Gesundheit und materiellem Wohlstand.

Alles, was dem Einzelnen bei dieser Kraftaneignung hilfreich ist, gilt als gut. Gut ist also, was wirkungsvoll, effektiv und wirkmächtig ist. Die Bewertung von „Gut und Böse" hängt dementsprechend primär nicht vom Individuum, seinen subjektiven Motiven und Moralvorstellungen oder der einer Tat innewohnenden Moralität ab. Begrenzt und gesellschaftlich kontrolliert wird dieses pragmatische Moralverständnis durch ein umfangreiches Werte- und Normensystem, das die „Sozialverträglichkeit" des Tuns oder Unterlassens sicherstellt. Die moralischen Standards des Individuums hängen daher in hohem Maße von gesellschaftlichen Verhaltensvorschriften ab.[7] Sie sind darauf ausgerichtet, die Harmonie – das Gleichgewicht aller Kräfte des Kosmos – sicherzustellen und zu festigen. Der weit verbreitete und tiefe Gemeinschaftssinn in traditionalen Kulturen hat seine Wurzeln in diesem „Harmonismus" (Bbaya).

Setzen Störungen wie persönliches Unglück, Naturkatastrophen oder andere nicht erklärbare Ereignisse ein, so ist der durch eine traditionale Religion Geprägte fest davon überzeugt, dass es sich um das Werk bestimmter Kräfte, wie Ahnengeister oder Gottheiten, handelt. Denn sie sind es, die in der Kraft- und Machthierarchie über dem Menschen stehen und deshalb dazu in der Lage sind. Wer sich dagegen schützen will, muss daher nach Möglichkeiten suchen, in dieses „spirituelle Kräftespiel" (Steyne) eingreifen zu können. Durch religiöse Rituale versucht man, sich der Gunst der spirituellen Welt zu versichern oder sie notfalls zu manipulieren, um persönliche Ziele zu erreichen.

Das Traditionale Heilungsverständnis

Wird jemand ernsthaft krank, so liegt die Ursache immer in einem gestörten Verhältnis zur spirituell-sozialen Welt: Familie, Ethnie, Gesellschaft, Ahnengeister und Gottheiten. „Krankheit signalisiert eine Störung dieses Gleichgewichts und kann möglicherweise lebensbedrohliche Folgen nicht nur für den einzelnen, sondern auch für seine Familie und die Dorfgemeinschaft haben. Jede Krankenheilung ist daher auf eine Wiederherstellung der Balance ausgerichtet".[8]

In diesem Weltbild sieht man die Krankheit durch indirekte oder direkte Ursachen bedingt.[9] Zu den direkten gehören in erster Linie Verstöße gegen geltende kulturelle Werte und Normen. Nicht alle Verstöße sind gleich gewichtig und werden gleichschwer geahndet. So fällt die Reaktion der Mächte, von denen sich der Mensch abhängig sieht, bei einem Verstoß gegen traditionelle Vorstellungen, wie etwas zu tun ist, leichter aus, als ein Verstoß gegen moralische Normen des gesellschaftlichen Zusammenlebens. In jedem Fall werden die Ahnengeister oder Gottheiten reagieren und den Menschen bestrafen. Allerdings kann ihr Zorn auch unbeteiligte Dritte treffen. Bei indirekten Krankheitsursachen wird die Krankheit durch den „bösen Blick" oder „Schadenszauber" verursacht, indem von Missgünstigen durch Rituale die dementsprechende Kraftquellen aktiviert werden.

Es ist die Aufgabe des Medizinmannes herauszufinden, warum jemand krank geworden ist[10], um dann die Harmonie – und damit die Gesundheit – wiederherstellen zu können. Zum einen kann der religiöse Spezialist aufgrund seiner medizinischen Erfahrung die körperlichen Symptome einer Krankheit zuordnen. Zum anderen befragt er durch Medien, Träume oder Divinationsriten Ahnengeister oder Gottheiten. Aufgrund der durchgeführten Diagnose wird er dann ein Medikament verabreichen. Die Medizin, die aus Pflanzen, Tierextrakten, Erden oder Mineralien bestehen kann, wirkt allerdings nicht primär aufgrund ihrer chemischen Zusammensetzung. Ohne das richtige Herstellungsritual, ohne die richtige magische Formel entsteht nicht die „richtige" Kraft, die das Medikament die Heilwirkung erzielen lässt. Heilung durch religiöse Spezialisten wird also immer religiös bewirkt und auch so interpretiert.[11]

Wir sehen hier den engen Zusammenhang zwischen den spirituell-sozialen Harmonievorstellungen, der Krankheit als Störung derselben und der Behandlungsweise durch den Medizinmann. So wie die Krankheit ganzheitlich erlebt und erlitten wird, so will der traditionelle Heiler ebenfalls eine ganzheitliche Heilung herbeiführen. Mit der Medizin heilt er nicht nur etwa ein Gallenleiden. Vielmehr wird dieses körperliche Leiden als ein Hinweis auf eine tiefer liegende Störung gesehen. Dementsprechend heilt der Medizinman auch die Ursache der Krankheit, die in spirituell-sozialen Disharmonien ihre Begründung findet, wie beispielsweise die nach einem Streit gestörte Beziehung zum älteren Bruder. Manchmal dienen der Konfliktbereinigung auch besondere Reinigungsriten oder Versöhnungszeremonien.

Mission, Weltbild und Verkündigung des Reiches Gottes

Es wurde deutlich, dass im Zentrum traditionaler Religionen die Frage nach Kraft („Power") steht. Was ist nun das leitende Programm, das die klassische Mission in der Dritten Welt in Vergangenheit und Gegenwart bestimmt? Grundmann meint dazu: „Eine innige Jesusfrömmigkeit und die erklärte Absicht, Menschen zur Erkenntnis von dem in den biblischen Schriften bekundeten Heilswillen Gottes in Jesus Christus zu führen und damit zur Abkehr von einem diesem Heilswillen zuwiderlaufenden Leben zu bewegen, also zu Umkehr und Bekehrung, sind seitdem (...) bis heute typische Kennzeichen vieler pietistischer wie evangelikaler missionarischer Initiativen".[12] Das bedeutet, dass man über die Erkenntnis der biblischen Wahrheit zur Bekehrung und einem geheiligten Leben kommen möchte. Es ist also die Wahrheitsfrage („Truth"), die im Mittelpunkt missionarischer Verkündigung steht. Ist sie einmal gestellt und beantwortet, ergibt sich aus der Erkenntnis der Wahrheit auch das entsprechende, ethische angemessene Verhalten des Menschen.

Um das Evangelium durch die Thematisierung der Wahrheitsfrage weiter tragen zu können, wurde neben dem Gemeindebau insbesondere dem Bildungssektor große Beachtung geschenkt.[13] So arbeiteten am Anfang des 20. Jahrhunderts 55 – 62 Prozent der Missionare in diesem Bereich.[14] Man hoffte, dass sich durch die Weitergabe des Evangeliums über den erzieherisch-kognitiven Weg Menschen dem christlichen Glauben zuwenden würden. In der Tat stellt Henkel aufgrund statistischer Untersuchungen für Afrika fest, dass es positive Zusammenhänge zwischen der Präsenz von Missionaren, Anzahl von Schulen, Qualität medizinischer Versorgung, Christianisierung eines Landes und seinem ökonomischen Entwicklungsstand gibt.[15] Das bedeutet, dass Bildung und Medizin nicht nur als Weitergabemedium des christlichen Glaubens für den Einzelnen wichtig waren, sondern dass christlicher Glaube und Bildung sich auch positiv auf die wirtschaftliche Situation eines Landes auswirkten. Auch wenn diese Studie in den Kontext anderer Untersuchungen gestellt werden muss und man sich deshalb vor einer vorschnellen Überbewertung der Ergebnisse hüten sollte, wird deutlich, dass der gewählte missionsstrategische Ansatz durchaus einer Christianisierung förderlich war.

Aber er hat auch das ohnehin immer vorhandene Problem der Säkularisierung und des Synkretismus verschärft. Mit der Verpflanzung westlicher Bildungsvorstellungen und Gesundheitssysteme wurden die Antworten der traditionalen Religionen auf viele Dinge des Alltags „entzaubert", rationalisiert und säkularisiert; denn es erfolgte in vielen Bereichen keine neue Antwort oder Interpretation durch den christlichen Glauben. Van Rheenen führt dazu aus: „Weil die Missionare oft Religion und Wissenschaft voneinander getrennt haben und unbewusst diese Anschauung als Teil des Christentums ansahen, wurden sie mehr eine säkularisierende als eine christianisierende Kraft.[16] Als Opfer ihres

Weltbildes verhielten sich die Missionare so, als „sei westliche Medizin wirksamer als Gebet".[17] Das primäre Vertrauen wurde in die Kraft der Medizin gesetzt und die Hoffnung auf Heilung resultierte nicht auf der Zuversicht, dass Gott – wie auch immer – wirken wird.

Westliche Mission und ihre kulturelle Gefangenschaft

Paul Hiebert, entwickelte zur Erklärung dieses Sachverhaltes ein dreistufiges Modell der „ausgeschlossenen Mitte".[18] In der oberen Ebene ist die transzendente Welt jenseits der menschlichen Erfahrungen (Religion) angesiedelt, wie zum Beispiel Himmel, Ewigkeit oder auch Dämonen. Die untere Ebene steht für die sinnlich wahrnehmbare empirische Welt (Wissenschaft). Diese beiden Ebenen sind nun radikal voneinander getrennt, haben keinen gemeinsamen Berührungspunkt. Die Welt der Materie unterliegt also keinen übernatürlichen Einflüssen. Übernatürliche Kräfte auf der Erde wie Magie oder Zeichen und Wunder existieren nicht (ausgeschlossene Mitte). Die Missionare – wie die meisten Christen – grenzen seiner Meinung nach das Übernatürliche auf die obere Sphäre ein. Sie ist in sich abgeschlossen und ihre Grenze undurchdringbar, von historisch begrenzten Ausnahmen wie Jesu Auferstehung oder der Wunder in der Urgemeinde einmal abgesehen.[19] Damit wird sowohl Gottes übernatürliche Kraft und sein Eingreifen als auch das destruktiv-zerstörende Wirken Satans aus der Theologie nahezu ausgeschlossen.

Die Folgen für die missionarische Praxis sind augenfällig. Steyne konstatiert eine allgemeine Hilflosigkeit der Mission, auf die Lebensrealität der Menschen in der Dritten Welt eingehen zu können.[20] Denn da, wo das übernatürliche Eingreifen göttlicher und dämonischer Kräfte aufgrund des eigenen Weltbildes nicht existieren darf, muss es aus der Lebensrealität wegrationalisiert werden. So unterstellen Missionare vielfach den Menschen, die sich von dämonischen Kräften abhängig sehen, Aberglauben und Naivität. Folglich versucht man sie davon zu überzeugen, dass das alles nur Humbug ist. Oder man greift zu psychologisierenden Erklärungen. Und dann, wenn alles nicht fruchtet, werden Verbote gepredigt. Im Sinne eines westlichen Kulturoptimismus meint man vielleicht noch, dass das Ganze durch mehr Bildung irgendwann von selbst obsolet wird. „Anstatt ihnen zu helfen, schimpften wir sie aus. Im Grunde genommen wussten wir gar nicht, wie wir ihnen helfen konnten".[21]

Und wie ist die Reaktion der Betroffenen darauf? Charles Kraft meint rückblickend auf seine 12-jährige Missionstätigkeit in Nigeria: „Durch Gottes Gnade kamen viele Menschen in das Reich Gottes. Um jedoch für Unfälle, Unfruchtbarkeit, zerbrochene Beziehungen, Unwetter und ähnliches gewappnet zu sein, brauchten sie die Erfahrung einer geistlichen Kraft. Sie ›wussten‹, dass diese nicht im christlichen Glauben zu finden war. Sie nahmen die Kraftlosigkeit des christlichen Glaubens und die Unkenntnis der Missionare hin und gingen bei

Problemen einfach weiter zu ihrem ›Medizinmann‹, wie sie es taten bevor sie Christen wurden".[22] So wird der christliche Glaube zwar die neue kognitive Plausibilitätsstruktur, soweit es um Erkenntnis- oder Wahrheitsfragen geht, aber gleichzeitig werden die Macht- und Kraftquellen der traditionalen Religionen angezapft, um die Probleme des Alltags zu lösen. Müllers Feststellung für Mikronesien: „Das Heidentum wurde nie besiegt, sondern nur in den Untergrund verdrängt, und dort blieb es, bis heute"[23] dürfte wohl die Situation vieler Kirchen der Dritten Welt treffen.[24]

Kraftorientierte Kulturen brauchen Krafterfahrungen des Heiligen Geistes

Mission hat weitestgehend die den Menschen existentiell umtreibende Frage nach „Power" mit „Truth" beantwortet. Dieses aneinander Vorbeireden verdrängte die Kraftfrage – woher kommt Kraft und wie kann sie erfahren werden – als von den Missionaren und einheimischen Kirchen nicht beantwortbar oder gar als illegitim und überließ die Beantwortung den traditionalen Religionen. Aber ohne die Beantwortung der Power-Frage kann ein Mensch, der durch sie geprägt ist, nur sehr schwer die Frage nach Wahrheit in ihrer Konsequenz für die alltägliche Lebensgestaltung – bis hin zu den Krisenzeiten seines Lebens – verstehen und begreifen. Denn er kann problemlos alle biblischen Aussagen für wahr halten, ohne dass er damit gleichzeitig die Implikationen für seinen christlichen Glauben sieht, der sich im Leben zu bewähren hat.[25] Für ihn ist die inhaltliche Füllung des Wortes „wahr" sowie der Kategorie „gut" stark situations- und umweltabhängig und es bedarf eines längeren Inkulturationsvorganges, damit die biblische Wahrheitsansprüche als solche überhaupt erkannt und dann auch handlungsleitend werden.

Dieser geistliche Lernprozess wird durch die Kraftwirkungen des Heiligen Geistes positiv beeinflusst und beschleunigt. John Wimber hat das in Gesprächen mit Studenten der Dritten Welt am Fuller Seminary bestätigt gefunden: Sie „behaupteten, es sei einfacher, für die Heilung von Menschen zu beten, als ihnen von Christus zu erzählen. Aber Menschen von Christus zu erzählen, nachdem sie geheilt worden sind, sei sehr einfach".[26] Im Sinne einer ganzheitlichen Theologie sollte hier noch angemerkt werden, dass der „Wahrheitsaspekt" und der „Kraftaspekt" des christlichen Glaubens noch um den „Prataspekt" erweitert werden müsste.[27]

Westliche Mission und ihr Gesundheitsverständnis

Das Gesundheitsverständnis in der Mission war noch bis in die sechziger Jahre hinein von den riesigen Erfolgen der modernen westlichen Medizin bei der Bekämpfung von Krankheiten und Epidemien geprägt. Das aufgebaute Gesundheitssystem in der Dritten Welt erwies sich weithin als eine komplette Übernahme des medizinischen Systems aus Europa und Amerika. „Die gesamte Konzeption der medizinischen Tätigkeit hier war identisch mit der europäisch-naturwissenschaftlichen der Regierungskrankenhäuser".[28] Zu sehr wurden die Errungenschaften der Medizinforschung als segensreich erlebt, als dass es bei dem allgemein und weit verbreiteten Wissenschafts- und Kulturoptimismus zu einer kritischen Reflektion des eigenen Wirkens kommen konnte.[29]

Diese vollständige Transposition des westlichen Medizinsystems musste auf kulturelle Verständigungsschwierigkeiten stoßen. Wissenschaftliche Medizin definiert Krankheit aufgrund objektiv-feststellbarer Symptome. Sind sie diagnostiziert, werden die organischen Fehlleistungen des Patienten durch pharmakologische Beeinflussung oder operative Eingriffe wieder normalisiert. Wenn also bei einem Anhänger traditionaler Religionen aufgrund bestimmter Symptome Gallensteine diagnostiziert werden, kann er aus westlich-medizinischer Sicht mit dem entsprechenden Medikament aus der Krankenhausapotheke alsbald nach Hause geschickt werden. Hier endet die medizinische Hilfe.

Doch für den Kranken beginnt das Fragen. Gemäß seines Verständnisses sind die Gallensteine Hinweis auf eine tieferliegende Krankheitsursache. Er ist zutiefst davon überzeugt, dass er krank ist, weil die Harmonie des Kosmos in irgendeiner Weise gestört wurde. Als ein Mensch, der alles Geschehen kraftbewirkt interpretiert, muss er wissen, welche Kräfte bei seiner Krankheit im Spiel waren. Er muss wissen, wer oder was die Gallensteine bedingt hat. Ohne die Beantwortung dieser bedrängenden Frage bleibt der Mensch seelisch zutiefst unruhig. Und wenn er nach mehr oder weniger langem Forschen ahnt, was die Krankheitsursache war: wie kann er die Beziehung zur spirituell-sozialen Welt wieder in Ordnung bringen? Wer hilft ihm in diesem Unheilszustand dabei? Auch die Neuansätze im christlich verantworteten Gesundheitswesen – seien es etwa gemeindegetragene Basisgesundheitsdienste – lassen diese Fragestellungen aus institutioneller Sicht weithin unberücksichtigt.

Zentrale Lebensfragen bleiben unbeantwortet

Menschen mit einem traditionalen Weltbild müssen also ein Gesundheitswesen nach westlich-naturwissenschaftlichem Muster als „unvollständig" erleben. Das gilt paradoxerweise auch für ein am westlichen Verständnis ausgerichtetes Gesundheitssystem, das aus christlicher Motivation betrieben wird.[30] Paradox deshalb, weil es ja gerade das spezifische Mandat eines sich christlich verstehenden Gesundheitswesens ist, das „potentielle Verhältnis von Heilung zu Offenbarung im interkulturellen Kontext in ein aktuelles zu überführen, so dass erfahrene Heilung als persönlicher Anspruch des Gottes wahrgenommen werden kann, der sich in Christus dem Menschen zuwendet, indem er einem von ihnen jetzt das akut bedrohte Leben (wieder-)schenkt und es erhält".[31] Hier genügt es nicht, im Rahmen der notwendigen „Übersetzungsaufgabe" auf das individuelle Ethos des medizinischen Personals hinzuweisen, so sehr dieses Ethos auch vorbildlich ist und der imitatio Christi entspringt.[32] Selbstverständlich ist das Ethos ein Hinweis auf Jesu Hinwendung zum Menschen, aber eine direkte Hilfe für die persönliche Krankheitsbewältigung und für die Füllung des seelischen Vakuums des Patienten wird nicht gegeben.

In diesem Zusammenhang ist es durchaus nicht widersprüchlich, wenn die Meinung vertreten wird, dass es für die Einheimischen deutlich wurde, dass die ärztliche Mission nicht nur eine bezwingende medizinische Überlegenheit, sondern auch die größere Macht des in Christus geoffenbarten Gottes aufwies.[33] Aber es muss präzisierend nachgefragt werden: Macht, Kraft, Lebensenergie für wen? In traditionalen Kulturen liegt die „Medizinverwaltung" in der Hand von Medizinmännern, Personen also, die besonderes spirituelles, pharmakologisches und psychologisches Wissen haben. Der Medizinmann ist aufgrund seiner Berufung und seines Werdegangs ein „Machtmittelkundiger".[34] Es überrascht daher nicht, dass Ärzten und Pfarrern, die die Funktion der Medizinmänner übernommen haben, eine ebenso große Macht zugeschrieben wird. Sie haben den besonderen Zugang zum mächtigen Gott der Christen und wissen ihn zu nutzen. Jedoch der Kranke – und das ist der entscheidende Punkt – erlebt es fast nie, dass er selbst einen direkten Zugang zu Gott hat, Gott ihn meint, Gott sich ihm offenbaren will und dass seine direkte Beziehung zum Allmächtigen ihn – auf welche Weise auch immer – gesund machen und seine gestörte Lebensbeziehungen in Ordnung bringen kann.

Auch die durchaus üblichen Gottesdienste in den Krankenhäusern oder Dispenseries können das gewöhnlich nicht verdeutlichen, da sie zumeist – wie die gesamte Missionsarbeit – einseitig „truth"-orientiert sind. Und so kommt Fiedler etwa für die Glaubensmissionen in Afrika zu der nicht überraschenden Feststellung, dass die Mission ihre Chancen, durch das Gesundheitswesen in ganzheitlicher Weise das Evangelium zu verdeutlichen, bei weitem nicht nutzte.[35]

Daher fordert Long nachdrücklich, dass das Gebet ein integraler Bestandteil des Heilungsprozesses im Krankenhaus sein muss. „Gebet ist der rote Faden, der die christlichen Gesundheitsprogramme durchzieht. Gebet sollte deshalb nicht eine Spezialität (einzelner Personen, A.K.) sein. Jedes Mitglied eines Gesundheitsteams kann beten. Gebet ist als Teil der Heilungskultur genauso wichtig wie die Medizin. Gesundheitsprogramme müssen sowohl gemeinschaftliches als auch individuelles Gebet fördern".[36]

Gebetsheilungen und traditionales Weltbild

Auch wenn die klassischen Missionen dem Aspekt der Heilung durch Gebet als Teil der Verkündigung des Reiches Gottes wenig Beachtung schenken, finden wir doch auf der ganzen Welt – unabhängig von denominationellen Zuordnungen – Glaubensheilungen. Es fällt auf, dass solchen Gebetsdiensten gewöhnlich keine durchformulierte Heilungstheologie im westliche Sinne zugrunde liegt. Es sind dementsprechend nicht Konferenzen oder Seminare, auf denen Interesse für diese Thematik geweckt wird, geistliche Lernprozesse stattfinden und praktische Schritte eingeübt werden. Der Zugang erfolgt eher pragmatisch im Alltag ohne eine systematische theologische Reflektion. Zum einen erfahren Christen Heilung und wollen dann die erlebte Heilung weitergeben. Manchmal wird der Kranke im Rahmen des Heilungsgebetes dazu vom Beter aufgrund einer Vision oder eines geistlichen Eindrucks beauftragt; oder der Kranke erlebt selbst ein direktes göttliches Reden. Zum anderen sehen Christen ganz einfach die Not der Kranken, sind davon betroffen und wollen deshalb für sie beten.

Dazu muss man die teilweise unbeschreiblichen Zustände des öffentlichen Gesundheitswesens in der Dritten Welt sehen. Wer kann sich schon eine Antibiotika-Behandlung leisten? Sie ist für die breite Bevölkerung zum großen Teil unerschwinglich, da sie ungefähr dem Monatslohn eines Bauern entspricht. Aber selbst dann, wenn man Geld hat: die zumeist mangelnde medizinische Ausstattung der Krankenhäuser und oft die fehlende Kompetenz beziehungsweise Motivation, den Kranken zu helfen, lassen die Menschen nur in den äußersten Notfällen Krankenhäuser aufsuchen.

Der pragmatische Zugang zum Heilungsgebet hängt aber auch mit dem Wesen der traditionalen Religionen zusammen. Gut ist, was funktioniert und – aus der Sicht des Betroffenen – Leben fördert. Daher teilweise auch die Unbekümmertheit und Selbstverständlichkeit, mit der Christen beten und mit der Gebet empfangen wird, selbst von Anhängern anderer Weltreligionen. Gesundheit ist zweifellos ein positiver Wert und wer gesund werden will, kümmert sich vor dem Gebet nicht großartig darum, woher die Kraft des Gebets kommt. Und für die Betenden ist es von vornherein klar, dass durch die Kraft des Heiligen Geistes Menschen gesund werden können. Denn sie lesen das in den biblischen Heilungsgeschichten und zweifeln nicht an der Tatsächlichkeit dieser Begebenheiten und daran, dass Gott auch heute noch in dieser Weise so handeln möchte.

Da Krankheit immer als ein Unheilszustand des ganzen Menschen gesehen wird, ist die Heilung dementsprechend nicht nur auf die Beseitigung körperlicher Symptome gerichtet. Findet das Gebet in einer seelsorgerlichen Atmosphäre statt, geht es auch immer um die Gottesbeziehung. Bei Christen werden Schuld oder Sünde zur Sprache gebracht und bereinigt. Hier ist Raum für die

Ängste und Sorgen, die den Heilungssuchenden umtreiben: Krankheit wird ganzheitlich gesehen. Damit können die Heilungsgruppen mit ihrer Heilungsauffassung am Grundverständnis der traditionalen Religionen anknüpfen. Bei Nichtchristen wird bei einigen Gruppierungen – etwa sehr stark in China – die Bekehrung vor dem Heilungsgebet vorausgesetzt. Andere Heilungskreise beten „voraussetzungslos".

Gebetspraxis der Heilungsgruppen

Die Gebetspraxis in den Kirchen und Gemeinschaften weist eine große äußere Formenvielfalt auf. Da gibt es den Pfarrer oder Gemeindeältesten, der sich durch das Amt dazu beauftragt sieht. Oder die Kranken gehen zu einzelnen in den Gemeinden bekannten Personen, die die Heilungsgabe haben. Wiederum andere Kirchen, wie etwa im Raum der ostafrikanischen Erweckungsbewegung institutionalisieren ihr Angebot stärker und bieten Heilungsgottesdienste an. Auch gibt es Gemeindegruppen, die die Kranken zu Hause oder im Krankenhaus besuchen. Während diese Formen an eine bestimmte Denomination gebunden sind, bieten die aktionskreisorientierten Gebetsdienste ihre Heilungsdienste denominationsübergreifend an. Das reicht von kleinen, lose strukturierten Kreisen über juristisch eingetragene „healing agencies" mit einem hohen Organisationskreis, bis hin zu evangelistischen Großveranstaltungen, bei denen Heilungsgebet angeboten wird.

Ebenso variiert auch die Art und Weise, wie für Kranke gebetet wird. Die einen legen die Hand auf, die anderen beten ohne Handauflegung. Es gibt Gruppen, die Öl verwenden und sich auf die entsprechende Bibelstelle im Jakobusbrief beziehen; viele beten jedoch ohne Verwendung christlicher Symbole. Während vereinzelt Gebetsgruppen liturgisch geprägt sind, zieht die Mehrzahl der Kreise jedoch eine freiere Form vor. Sowohl die äußere Formenvielfalt, als auch die unterschiedlichsten Weisen, in denen für die Kranken gebetet wird, deuten darauf hin, dass das Gebet für Kranke stark kulturabhängig ist. Entscheidend ist zumeist, wie und wo die verantwortlichen Beter das Heilungsgebet gelernt haben.[37] Da immer mehr Christen das Heilungsgebet durch die Dienste der charismatischen und pfingstlichen Kirchen kennen lernen, ist auch die Tendenz offensichtlich, dass Heilungsgebete in den traditionellen Missionskirchen oft in der äußeren Form mehr von deren Erbe beeinflusst sind, als dass sie an die Tradition der eigenen Kirchen anknüpfen.

Die den Gebeten zugrunde liegende Krankheitstypologie soll die Gebetswahl erleichtern und ist nicht an einer medizinisch-wissenschaftlichen Kategroriebildung orientiert. Zum einen sind „physische Leiden" zu nennen. Der Kranke erhofft Heilung einer sich körperlich auswirkenden Krankheit. Es wird in der Regel ein fürbittendes Gebet gesprochen, in dem Gott gebeten wird, das entsprechende Organ zu heilen. Im Rahmen der „inneren Heilung" erfahren Menschen Befreiung von Folgen psychischer Verletzungen und seelischen Belastungen, die sie – bedingt durch ihre Lebensumstände – erfahren haben. Neben der Bitte um Heilung der ursprünglichen Verletzung ist insbesondere die Bitte um Vergebung und der Zuspruch der Vergebung bedeutsam. Im „Befreiungsdienst" geht es darum, dass Menschen von okkulten Bindungen frei werden. Hier ist es das gebietende Gebet, dass dem Hilfesuchenden Gesundung bringt. Die Gebetswahl geschieht zumeist aufgrund den individuellen Wahrnehmungen der Beter und der Informationen von Seiten des Kranken. Jedoch kann es geschehen, dass die ursprünglich gewählte Gebetsart einen inneren Richtungswechsel erfährt, da der Heilige Geist den Betenden durch sein Reden auf einen anderen Gebetsschwerpunkt aufmerksam macht.

Unterschiedliche Reaktionen auf den Heilungsdienst

Die Kirchenleitungen der Missionskirchen reagieren auf die Heilungsdienste unterschiedlich. Die Spannweite reicht von klaren Abwehrpositionen bis hin zu einer wohlwollenden Abwartehaltung. Aktive Unterstützung oder gar Integration der Heilungsgebete in das eigene, offizielle kirchliche Wirken – wie etwa in Ostafrika – ist eher die Ausnahme. Aber insbesondere dort, wo geistliche Aufbrüche oder Erweckungen stattfinden, gehen sie auch immer mit dem Gebet für Kranke und Glaubensheilungen einher, unabhängig von konfessioneller und kultureller Zugehörigkeit. Wenn über die letzten Jahre in vielen Ländern der Dritten Welt eine „Pentecostalisierung" evangelikal geprägter Kirchen festzustellen ist[38], wird das zweifelsohne auch zu einer wachsenden Popularisierung und kirchlichen Akzeptanz der Heilungsdienste in diesen Kirchen führen.

Wo Heilung durch Gebet von der Kirchenleitung nach wie vor als „charismatisches Sondergut" betrachtet wird, besteht langfristig die Gefahr einer stillen Abwanderung in Kirchen, die für Kranke beten. Der existentielle Bedarf nach Heilung, Trost und seelsorgerlichem Rat in Krankheitsnöten ist zweifelsohne vorhanden und die Menschen suchen sich die Antworten. Dass diejenigen, denen so in irgendeiner Weise geholfen wurde, die Kirchenzugehörigkeit wechseln, ergibt sich fast zwangsläufig. Denn einer Kirche, die in lebensgefährdenden Situationen dem Menschen beisteht, traut man auch zu, in anderen Lebensfragen überzeugendere geistliche Antworten zu haben. Hier wird deutlich, dass die Krafterfahrung des Heiligen Geistes nicht nur die Nichtchristen leichter zum christlichen Glauben konvertieren lässt, sondern ebenso einen Teil der Wanderungsdynamik innerhalb der christlichen Denominationen erklärt.

Absicht und Ziel von Gebetsheilungen

Beten Gebetsteams für körperlich Kranke, psychisch Leidende oder okkult Beeinflusste, geschieht das in der Gewissheit, dass Gott heilen möchte, und dass er jederzeit übernatürlich in den Krankheitszustand der Person eingreifen kann. Damit praktizieren sie Power-Encounter: „Power Encounter ist eine Auseinandersetzung zwischen Mächten, die durch einen Bekenntnisakt provoziert wird. Es ist ein Machtkampf, eine Gegenüberstellung, Herausforderung und Auseinandersetzung übernatürlicher Kräfte und Mächte auf menschlich erfahrbarer Ebene".[39] Die Beter gehen davon aus, dass die Ursache der Krankheiten im Reich des Bösen zu suchen ist.[40] Das heißt natürlich nicht, dass jeder gesund werden muss und dass Gott nicht durch Krankheiten zu Menschen spricht, damit sie sich zu ihm hinwenden oder ihr Glaube gefestigt wird. Aber es ist nicht Gott, der Krankheiten schickt. Und so betet man im Glauben, dass Gottes Kraft die Kraft der Krankheit überwindet.

Das Gebet um Heilung setzt genau dort an, wo der kraftsuchende Anhänger der traditionalen Religion steht. Der langjährige Missionar Hesselgrave betont daher: „Power Encounter ist der Vorrang vor Truth Encounter zu geben. Aber immer und überall sind beides, Wahrheit und Kraft erforderlich".[41] Dadurch bekommt der Suchende auf seine existentiellen Fragen und Nöte Antwort in einer Weise, die er versteht. Durch die Genesung wird ihm deutlich, dass Jesu Kraft ihm persönlich gilt. Auf einmal begreift er, dass er mit diesem Jesus – der sich ihm so mächtig und gnädig erwiesen hat – auch den anderen Herausforderungen des Lebens gewachsen ist. Durch die erlebte Heilung vollzieht sich eine innere Wandlung: Statt wie ehedem in steter Furcht und Angst vor den Eingriffen und Unwägbarkeiten der menschlichen Mitwelt und der Welt der Ahnengeister zu leben, hat er jetzt selbst erlebt, dass er durch und in Christus das Böse überwinden kann: „Sein neu gefundener Glaube ist nicht nur objektiv wahr, sondern auch subjektiv lebensverändernd, befähigend und kraftgebend, im Sieg über alle Mächte und Gewalten zu leben".[42]

Darüber hinaus haben Heilungen durch Gebet ihre eigene überindividuelle Dynamik. Der Theologe Hwa Hung stellt fest: „Sowohl in der Vergangenheit als auch in der Gegenwart waren größere Fortschritte im Wachstum der asiatischen Kirche zumeist von derartigen Manifestationen der Kraft des Heiligen Geistes begleitet".[43] Beispielsweise war einer der wahrnehmbaren Auslöser der Erweckung auf der Insel Timor ein Befreiungsgebet über den okkulten Bindungen eines Sportlers. Dessen Zeugnis vor der Gemeinde war so bewegend, dass noch am gleichen Tag ein großer Haufen von Zaubergegenständen vor der Kirche verbrannt wurde.[44] Auch besagen Schätzungen der chinesischen Kirchenleitung, dass mindestens die Hälfte der Christen im ländlichen Raum sich aufgrund von Heilungserfahrungen dem christlichen Glauben zugewandt haben.[45] Weit mehr als die Hälfte von konvertierten Moslems in Nahen Osten kann über besondere Erfahrungen wie etwa Träume, Visionen und Heilungen berichten.[46] Im indischen Bundesstaat Punjab hat die Regierung Heilungen bei Evangelisationen verboten, da an diesen Veranstaltungen rund 95 Prozent Hindus und andere Nichtchristen teilnehmen.[47] Und in Zimbabwe rief ein Gemeindegründer, dessen Arbeit mit Zeichen und Wundern einhergeht, 400 Kirchen in 8 Jahren ins Leben.[48] Ebenso dürfte interessant sein, dass das schnelle Wachstum der evangelikal geprägten Kirchen Kambodschas mit Heilungswundern und Befreiungsdiensten einhergeht.[49]

Hoffnung auf eine wachsende Heilungsbewegung

Schon vor mehr als zehn Jahren gab der Mediziner und Direktor des Paul-Lechler-Tropen-Krankenhauses Scheel zu bedenken: „Zumindest dürfte kein Zweifel bestehen, dass Glaube und Weltanschauung weltweit für Heilung und Heil von derart maßgeblicher Bedeutung sind, dass eine Ausklammerung der entsprechenden Probleme und Fragen heute kaum noch zu verantworten ist".[50] Die Realität in den Missionskirchen Afrikas, Asiens und Lateinamerikas zeigt, dass Heilung durch Gebet in vielfältiger Weise in diesen Kirchen praktiziert wird. Die Missiologie steht vor der Aufgabe, Heilung durch Gebet in ihre Reflexionen stärker einzubeziehen und einen eigenen theologisch verantwortbaren Zugang zu Gebetsheilungen zu entwickeln.[51] Diese Reflexion muss auch Hilfen für die Heilungspraxis geben. Christen in deutschen Gemeinden und Missionare in aller Welt dürfen nicht nur die „theologische Möglichkeit" von Heilungsgebeten sehen, sondern müssen auch die Kraft, die im Gebet ist, zur Anwendung bringen. Alles andere ist zu wenig.

---

[1] Rosny, Eric de. „Die neuen Formen des Heilungsdienstes in Afrika". *Concilium* 42 (2006) 4:478-487 [478].

[2] Der Artikel erschien unter: „Heilung durch Gebet in der Dritten Welt: Weltbilder, Heilungskonzepte und Erfahrungen" *Evangelikale Missiologie* 16 (2000) 1:2-12.

[3] So schätzt Stephen Neill, dass das Weltbild und die Lebenspraxis von mindestens 40 Prozent der Weltbevölkerung durch die traditionalen Kulturen und Religionen bestimmt werden. Neill, Stephen. *Christian Faith and Other Faith.* Oxford: Oxford University Press, 1970, S. 125.

[4] Käser, Lothar. *Fremde Kulturen: Eine Einführung in die Ethnologie.* Erlangen: Verlag der Evangelisch-Lutherischen Mission, 1997, S. 195 und 227.

[5] Mbiti, John S.. *Afrikanische Religion und Weltanschauung.* Berlin: Walter de Gruter, 1974, S. 20.

[6] Sundermeier, Theo. *Nur gemeinsam können wir leben. Das Menschenbild schwarzafrikanischer Religionen,* Gütersloh: Gütersloher Verlagshaus Mohn, 1988, S. 29; Ahrens, Theodor. „Concepts of Power in a Melanesian and Biblical Perspective", S. 61-86, in: Melanesian Institute (Hg.). *Christ in Melanesia: Exploring Theological Issues,* Goroka: Eigenverlag, 1977, S. 61.

[7] Käser, Lothar. „Der Animismus: Die Religionen traditionaler Kulturen in neuerer Sicht". *Evangelikale Missiologie* 8 (1992) 3:35-40[39].

[8] Friedegard Hürter. „Krankheit und ihre Heilung in afrikanischer Tradition". *Im Gespräch* (1989) 1:16-17 [16].

[9] Käser. Fremde Kulturen. S. 236.

[10] Käser. Fremde Kulturen. S. 240 und 241.

[11] Becken, Hans-Jürgen. „Afrikanisches Arztpriestertum und westliche Medizin". *Evangelium und Wissenschaft* (1993) 25:4-24.

[12] Grundmann, Christoffer H.. „Die Welt als Horizont – Vision, Illusion und Irritation christlicher Mission". *Zeitschrift für Missionswissenschaft und Religionswissenschaft* 80 (1996) 2:129-144.

[13] Neill, Stephen. *Geschichte der christlichen Missionen*. Erlangen: Verlag der Evangelisch-Lutherischen Mission, 1990, S. 172.

[14] Grundmann, Christoffer H.. *Gesandt zu heilen! Aufkommen und Entwicklung der ärztlichen Mission im neunzehnten Jahrhundert*. Gütersloh: Gütersloher Verlagshaus Gerd Mohn, 1992, S. 232.

[15] Henkel, Reinhard. *Die raumwirksame Tätigkeit christlicher Missionen, dargestellt am Beispiel Zambias*. Heidelberg: unveröffentlichte Habilitationsschrift, 1985, S. 20-26.

[16] Rheenen, Gailyn Van. *Communicating Christ in Animistic Contexts*. Grand Rapids: Baker Book House, 1991, S. 63-63.

[17] Kraft, Charles. „Als das Weltbild Risse bekam ... Ein Theologieprofessor lernt, für die Kranken zu beten". *Auftrag* (1989) 33:28-30 [29].

[18] Hiebert, Paul G.. „The Flaw of the Excluded Middle". *Missiology* 10 (1982) 1:35-47.

[19] Jack Deere, der selbst diesen Standpunkt über viele Jahre am Dallas Theological Seminary vertreten hat, unterzieht ihn in seinen neueren Büchern einer exegetischen Kritik. Vgl. *Überrascht von der Kraft des Heiligen Geistes*. Wiesbaden: Projektion J, 1995 und *Überrascht von der Stimme Gottes*. Wiesbaden: Projektion J, 1996.

[20] Steyne, Philip M.. *Gods of Power: A Study of the Belives and Practices of Animists*. Columbia: Impact International Foundation, 1996, S. 13-16.

[21] Steyne. Gods. S. 15f. Siehe auch das instruktive Beispiel Beckens, Afrikanisches Arztpriestertum, S. 4f in dem geschildert wird, wie schon vor rund 150 Jahren ein Missionar erfolglos versuchte, mit argumentativer Logik und Strafen das Wirken traditionaler Heiler zu unterbinden.

[22] Kraft. Als das Weltbild. S. 29; siehe auch Gacengeci, David. „Faith Healing and the African Church". *Contact* (1997) 155:6-9 [8] und Müller, Klaus. *Evangelische Mission in Mikronesien (Trukinseln). Ein Missionar analysiert sein Missionsfeld*. Bonn: Verlag für Kultur und Wissenschaft, 1989, S. 369.

[23] Müller. Evangelische Mission. S. 91 und 92.

[24] Für Südafrika: Schwartz, Karl-Heiner. „Pastor oder Heiler". *Mitteilen* (1994) 3:18; für Tanzania: Veller, Reinhard. „Zeichen und Wunder – die charismatische Bewegung erfasst die evangelischen Kirchen Ostafrikas", S. 60-73, in: Evangelisches Missionswerk in Deutschland (Hg.). *Fundamentalismus in Afrika und Amerika. Historische Wurzeln, Erfahrungen, Problemanzeigen*, Hamburg: EMW, 1993, S. 66; für Ozeanien: Tippett, Alan. „Stammesreligionen. Fallstudie 3: Ozeanien", S. 140-142, in: Wulf Metz (Hg.). *Handbuch Weltreligionen*. Wuppertal: Brockhaus, 1988, S. 142.

[25] Ein empirische Beispiel aus West Papua (Irian Jaya) gibt Kusch, Andreas. *Iman Kristiani Generasi Muda di Irian Jaya*. Forschungsbericht STIE Ottow & Geissler, Jayapura, 1996, S. 28f.

[26] Wimber, John und Kevin Springer. *Heilung in der Kraft des Geistes*. Hochheim: Projektion J, 1986, S. 53.

[27] Dazu: Kusch, Andreas. „Christliche Entwicklungsprojekte als Anbetung Gottes: Auf dem Weg zu einem ganzheitlichen Verständnis christlicher Entwicklungszusammenarbeit.", S. 268-286, Andreas Kusch (Hg.). *Transformierender Glaube, erneuerte Kultur, sozioökonomische Entwicklung. Missiologische Beiträge zu einer transformativen Entwicklungspraxis.* Nürnberg: VTR, 2007, S. 274-277.

[28] Beyerhaus, Peter. „Heilung und Heil im Licht afrikanischer Missionserfahrung", S. 69-83, in: Propach, Gerd. *Geht hin und heilt! Zeichen der Freundlichkeit Gottes. Ärztliche Mission und christliche Gesundheitsdienste – Chancen und Herausforderungen.* Marburg: Francke, 2002, S. 76.

[29] Grundmann. Gesandt zu heilen. S. 309.

[30] Für Südafrika: Beyerhaus. Heilung und Heil, S. 76; für Guinea: Wiher, Hannes. *Missionsdienst in Guinea.* Bonn: Verlag für Kultur und Wissenschaft, 1998, S. 101; für Malawi: Kränzler, Paul. *Traditionale Heiler in Malawi. Heilung in der Auseinandersetzung zwischen traditionaler Religion und Christentum.* MA-Thesis der Columbia International University – Deutscher Zweig, Korntal, 2008, S. 37.

[31] Grundmann. Gesandt zu heilen. S. 289.

[32] Grundmann, Christoffer H.. „Vom Ethos der ärztlichen Mission". *Zeitschrift für Mission* 24 (1998) 2:86-104.

[33] Grundmann, Gesandt zu heilen, S. 275.

[34] Becken. Afrikanisches Arztpriestertum. S. 9.

[35] Klaus Fiedler. *Ganz auf Vertrauen. Geschichte und Kirchenverständnis der Glaubensmissionen.* Giessen: TVG Brunnen, 1992, S. 528.

[36] Long, Meredith W.. *Health, Healing and God's Kingdom. New Pathways to Christian Health Ministry in Africa.* Carlisle: Regnum, S. 233.

[37] Ein Beispiel dazu gibt: Wimber. Heilung. S. 203f. Aufgrund der heißen Raumtemperatur legten die Heilungsseminarteilnehmer die Hand dem Kranken nicht richtig auf, sondern hielten sie in einiger Entfernung. Auch wenn die Temperaturen in anderen Teilen der Welt nun niedriger sind, wird in gleicher Weise gebetet.

[38] Für Afrika: Paul Gifford. „Neuere Entwicklungen im afrikanischen Christentum". S. 9-39, in: Evangelisches Missionswerk in Deutschland (Hg.). *Kirchen und Demokratisierung in Afrika.* Weltmission heute Studienheft 17. Hamburg: EMW, 1995, S. 22-24; für Brasilien: Schubert, Benedict. „Protestantismus im portugiesischen Sprachraum". *Zeitschrift für Mission* 24 (1998) 2:139-144 [142].

[39] Müller, Klaus W.. „Power Encounter als missionsstrategisches Konzept", S. 72-101, in: Müller, Klaus W.. (Hg.). *Mission als Kampf mit den Mächten. Zum missiologischen Konzept des „Power Encounter".* Referate der Jahrestagung 1993 des Arbeitskreises für evangelikale Missiologie. Nürnberg: VTR / Bonn: VKW, ^{3}2003, S. 74.

[40] Scheunemann, Detmar. *Und führte mich hinaus ins Weite. Studien über das Wirken des Heiligen Geistes in Indonesien und anderswo.* Wuppertal: Brockhaus-Verlag, 1980, S. 93.

[41] Hesselgrave, David J.. *Communicating Christ Crossculturally. An Introduction to Missionary Communication*, Grand Rapids: Zondervan Publishing House, 1991, S. 231 und 185.

[42] Steyne. Gods. S. 210.

⁴³ Hung, Hwa. „Dem Wirken des Heiligen Geistes auf der Spur. Fragen der Missionstheologie in der asiatischen Kirche", S. 34-46, in: Evangelisches Missionswerk in Deutschland (Hg.). *Süd- und Südostasien. Jahrbuch Mission 1998.* Hamburg: Missionshilfeverlag, 1998, S. 43.

⁴⁴ Scheunemann. Und führte mich. S. 92.

⁴⁵ Währisch-Oblau, Claudia. „Die Kirchen im Bereich des Chinesischen Christenrates", S. 74-79, in: Evangelisches Missionswerk in Deutschland (Hg.). *Computer, Kirche und Konfuzius. Einblicke in das China von heute.* Hamburg: EMW, 1997, S. 78.

⁴⁶ Sakals, Angelika, Rolf-Dieter Braun und Immanuel Malich. „Neue Offenheit für das Evangelium. Jesus erscheint Muslimen in Träumen und Visionen". *Der Auftrag* (1996) 59:8-9

⁴⁹ Siemon-Netto, Uwe. „Stehen die Christen vor einem Matyrium?" *Idea-Spektrum* (1998) 35:14-16 [15+16].

⁴⁸ Olsen, Ted. „Simon takes a town by storm". *Dawn Report* (1997) 30:4 [4].

⁴⁹ Gespräch mit Pen Sorithy, Nationales Leitungsmitglied der Evangelischen Allianz im April 1998.

⁵⁰ Scheel, Martin. *Kann Glaube heilen?* Breklumer Hefte. Breklum: Breklumer Verlag, 1988, S. 5.

⁵¹ Für Ostafrika: Veller. Zeichen und Wunder. S. 71+72; für Asien: Hung. Dem Wirken des Heiligen Geistes. S. 44.

**Teil 3:
Zwei Modelle im interkulturellen
Heilungs- und Befreiungsdienst**

Andreas und Ingeborg Kusch

Innere Heilung interkulturell: Heilung von psychischen Nöten und biografischen Brüchen

Heilung von psychischen Problemen – ist das überhaupt ein Thema, das weltweit relevant ist?[1] Ein Überblick ergibt, dass 1998 weltweit 12%[2] der gesamten Krankheitslast auf psychische Störungen zurückzuführen ist und sie bis 2020 auf 15%[3] ansteigen wird. Menschen sowohl in Entwicklungsländer als auch in Industrienationen sind von psychischen Krankheiten betroffen. Die sich intensivierende Globalisierung auf der ganzen Welt mit ihren Folgen der menschlichen Entwurzelung, Auflösung von unterstützenden Gemeinschaften und Kommerzialisierung des Lebens scheint diese Krankheitsentwicklung noch zu verstärken.[4]

Weltweite Sehnsucht nach psychischer Gesundung

In Entwicklungsländern treten verstärkend die Auswirkungen von extremer Armut, Kriegen und Naturkatastrophen dazu. So leiden nach Angaben des nigerianischen Staatschefs Olusegum Obasanjo mindestens 25% der nigerianischen Bevölkerung unter psychischen Problemen.[5] Die Weltgesundheitsorganisation (WHO) schätzt, dass sich durch aktuelle Notsituationen die Anzahl der Menschen mit psychischen Störungen um 6-11% erhöht.[6] Es ist eines, dass Menschen in solchen Situationen physisch überleben, aber oft bleiben psychische Schäden zurück.[7] In der Entwicklungszusammenarbeit gewinnt daher die Traumabearbeitung in Nachkriegszeiten zunehmend an Bedeutung.[8]

In dieser Situation von Leid, Krieg, Not drängt sich die Frage auf: Hat der christliche Glaube etwas zur Bewältigung der Situation beizutragen? Wenn wir in der Bibel lesen: „Dein Glaube hat dir geholfen" – Trägt der Glaube zu Heilung und Gesundheit bei?[9] In den letzten Jahren sind zur Rolle der Religion im menschlichen Gesundungsprozess viele Studien veröffentlicht worden. Der Arzt und Theologe Christoph Benn kommt bei seiner Auswertung der wissenschaftlichen Studien zum Ergebnis, dass „in der Regel ein positiver Zusammenhang besteht zwischen religiöser Praxis und Gesundheitszustand".[10] Im weiteren wollen wir klären, was nun spezifisch der christlicher Glaube zur psychischen Gesundung des Menschen beitragen kann. Und: wie kann das praktisch aussehen?

Was ist Innere Heilung ?

Innere Heilung ist eigentlich nichts Neues.[11] Schon immer geschah dort innere Heilung, wo Seelsorge in der Erwartung betrieben wurde, dass Gott der Handelnde und Heilende ist. Jedoch hat die seelisch-emotionale Not weltweit in den letzten Jahrzehnten so zugenommen, dass ein sehr starkes Interesse daran besteht, wie Christen mit seelischen Problemen und inneren Verletzungen umgehen können. Aufgrund dieser Entwicklung bekamen diese Bemühungen den eigenen Namen „Innere Heilung". Den inneren Heilungsdienst trifft man inzwischen in nahezu allen geistlich lebendigen Kirchen der Welt an und lässt sich auch in der Kirchengeschichte nachweisen.[12] Natürlich gibt es verschiedene geistliche Prägungen mit unterschiedlichsten Betonungen, wie „Heilung der Gefühle"[13], „Heilung des Unterbewussten"[14], „Tiefenheilung".[15] Aber allen Ansätzen ist gemeinsam, dass Gottes Handeln durch das Gebet in der Kraft des Heiligen Geistes eine zentrale Rolle einnimmt.[16]

Im Kern geht es bei der Inneren Heilung darum, dass sich der Mensch in seinem seelisch-emotionalen Leiden Gott neu zuwendet, ihn neu entdeckt und von ihm erbittet und erwartet, dass er Heilung schenkt.[17] „Das Ziel der inneren Heilung ist, dass Menschen seelisch gesund werden. Die Seele und die Gefühle sollen von Bindungen befreit werden, die durch Erfahrungen in der Vergangenheit hervorgerufen wurden. (...) Ziel ist es, zu emotionalen Reaktionen zu kommen, die unsere Liebe zu Gott und den Menschen verstärken".[18] Es geht also weniger um psychologische Lebenshilfe, sondern um die vertiefte Begegnung mit Gott als dem Vater, Sohn und Heiligen Geist.

Diese erneute Gottesbegegnung soll dass menschliche Chaos neu ordnen. Das gilt für alle Beziehungen, in denen der Ratsuchende steht: für seine Beziehung zu Gott, zum Mitmenschen, zu sich selbst und zur Umwelt. In Epheser 3,19-20 wird angesprochen, was in der Inneren Heilung geschieht: „Ihr sollt erkennen, was alle Erkenntnisse übersteigt, nämlich die unermessliche Liebe, die Christus zu uns hat. Dann wird die göttliche Lebensmacht mit ihrer ganzen Fülle euch immer mehr erfüllen. Gott kann unendlich viel mehr an uns tun, als wir jemals von ihm erbitten oder ausdenken können. So mächtig ist die Kraft mit der er in uns wirkt." Unsere Gottesbeziehung ist eine kraftvolle Beziehung. Wir dürfen konkret erwarten, dass Gott an uns handelt, uns verändert und heilt.

Ein interessantes biblisches Beispiel für eine innere Heilung finden wir in Johannes 4,1-41, der Geschichte von der Samariterin am Jakobsbrunnen. Sie hat mit fünf Männern zusammengelebt, ohne jemals eine Ehe mit ihnen eingegangen zu sein. Deshalb geht sie kulturell ganz unüblich allein und dazu noch in der Mittagshitze zum Brunnen. Sie will mit niemandem Kontakt haben, weder auf dem Weg noch am Brunnen. Mit anderen Worten: sie hat eine gebrochene Beziehung zu sich selbst, zu Männern und zu ihrer Umwelt. Doch dann begegnet ihr Jesus. Er spricht in ihre Situation so vollmächtig hinein, dass dieses Beziehungselend geheilt wird. Als Folge davon geht sie nach dem heilenden Gespräch zu den Menschen, denen sie kurz zuvor noch aus dem Wege ging. Als Geheilte weist sie auf den hin, der ihr helfen konnte.

Gott möchte die Gesundheit des Menschen an Leib, Seele und Geist.[19] Alle Lebensbereiche sollen heil werden.[20] Der Mensch in allen Dimensionen seines Lebens ist dazu bestimmt, in Gemeinschaft mit dem liebenden Gott zu leben. Für den inneren Heilungsprozess bedeutet das, dass wir von Gott erwarten dürfen, dass er unsere Prägung, die wir mitbekommen haben, verändert. Welche Einflüsse unser Leben bestimmen und wie Veränderung möglich wird, soll daher im Folgenden angesprochen werden. Danach soll es darum gehen, wie Gott ganz konkret Heilung für Verletzungen schenkt, die wir uns im Laufe unseres Lebens zugezogen haben.

Lebensprägungen und Fehlprägungen des Menschen

Wir haben unterschiedliche Prägungen mitbekommen, die unserer jetzige Identität ausmachen. Jeder Mensch entwickelt über Jahre und Jahrzehnte bestimmte Lebenskonzepte, denen er bewusst und unbewusst folgt. Wo liegen nun Fehlprägungen vor, die uns unfrei machen, uns behindern und das Leben in uns hemmen?[21] Wo folgen wir Lebenskonzepten, die mehr auf Werten und Erwartungen unserer Umwelt und weniger durch biblische Werte geprägt sind?[22]

Zunächst einmal sollte eine ehrliche Bestandsaufnahme gemacht werden. Hierbei sollten wir nicht vorschnell das, was wir über den neuen Menschen durch Gottes Wort wissen für unsere eigene Realität ausgeben. So sehr wie wir uns wünschen, Gottes Entwurf für den erneuerten Menschen ähnlich zu werden, so ehrlich sollten wir sein, unsere Unähnlichkeit festzustellen. Heilung setzt Ehrlichkeit vor Gott und uns selbst voraus. Nicht umsonst fragt Jesus die Kranken oft, ob sie gesund werden wollen. Wer sagt, dass er gesund werden will, weiß und hat zugegeben, dass er krank ist. Und nur den Kranken kann Christus heilen. In Übersicht 1 sind einige wichtige Faktoren aufgeführt, die unser Leben beeinflussen.

Übersicht 1: Was unser Leben prägt

Alte Leben ohne Christus	Neues Leben in Christus
Der Mensch lebt in der Reaktion auf: 1. Familie, Verwandtschaft, Erzieher 2. Selbstbild 3. Umstände 4. Lebenslügen 5. Kulturelle u. gesellschaftliche Werte 6. Gesellschaftliche Leitbilder 7. Angelernte Verhaltensweisen 8. Menschliche Einschätzung von Ereignissen	Der Mensch lebt in der neuen Realität: 1. Mitglied der Familie Gottes 2. Gottes Sicht vom Menschen 3. Gott kennt keine Begrenzungen 4. Gottes Wahrheit, Liebe und Kraft 5. Werte des Königreichs Gottes 6. Geistliche, biblische Leitbilder 7. Übereinstimmung mit Gottes Wort unter der Leitung des Heiligen Geistes 8. Gottes Sicht der Realität

- **Familie**

Auch Christen erliegen immer wieder der Gefahr, dass ihr Leben eine Reaktion auf die Erziehung der Eltern, Lehrer oder Verwandten ist. Sei es, dass Verhaltensweisen fraglos übernommen worden sind, oder sei es, dass aufgrund von Trotzreaktionen mehr oder weniger das Gegenteil gelebt wird.[23] Christus bietet uns aber an, dass wir uns nicht mehr durch biologische Gegebenheiten festlegen lassen müssen. Wir sind Teil der Familie Gottes, der neuen Gemeinschaft und folgen deren Maßstäben und Werten.

- **Selbstbild**

In unserer heutigen Gesellschaft haben die Selbstkonzepte wie Selbstverwirklichung und Selbstfindung Hochkonjunktur. Es herrscht der irrige Glaube, durch die Konzentration auf sich selbst herauszufinden zu können, wer man ist. Im biblischen Sinne können wir aber nur dann unsere Identität finden, wenn wir für Gottes Sicht von uns sensibel werden und sie in uns aufnehmen.[24] Denn er hat uns erschaffen, er kennt uns und er hat einen guten Weg mit uns vor.

- **Umstände**

Sind wir als Christen von Umständen bestimmt, oder trauen wir Gott real zu, dass er Umstände nach seinem Willen verändert? Oft werden widrige Umstände vorschnell als von Gott „geschlossene Türen" gedeutet. Doch wer sagt, dass wir nicht mit Gott „über Mauern springen" können? Oder vielleicht hat Satan als Gottes Gegenspieler die Türen geschlossen und wir sollen geistlich kämpfen, bis Christus den Sieg schenkt. Als Christen dürfen wir jederzeit um Gottes übernatürliches Eingreifen beten und darauf hoffen.

- **Lebenslügen**

Oft haben wir uns ein Lebensmotto zugelegt, das uns einengt und uns am Leben hindert. Wir kennen diese Sätze: „Hätte ich doch damals..."; „Wären doch meine Eltern..."; „Ich kann nichts..."; „Alle haben Glück im Leben, nur ich nicht". Diese Lebenslügen sind vielfach menschliche Reaktionen auf Leid. So menschlich verständlich sie auch sind, so sehr blenden sie aus, was Gottes Wahrheit über uns ist, wie sehr er uns liebt, und welche Kraft er hat, uns zu heilen. Lebenslügen machen aus Gott einen kleinen, kraftlosen Zwerg.

- **Gesellschaftliche Werte und Vorbilder**

Als Christen leben wir hier auf der Erde schon jetzt in der neuen geistlichen Welt. Und doch übernehmen wir oft unkritisch und ungeprüft die gesellschaftlichen und kulturellen Werte unserer Umwelt. Ronald Sider bringt es kurz und bündig auf den Nenner: „Die meisten Christen ahmen die Welt nach".[25] Vielleicht sind wir Christen mehr Teil der Gesellschaft als wir wahrhaben wollen und lieb sein kann.[26]

- **Gelernte Verhaltensmodelle, menschliche Einschätzungen**

In dem selben Maß, in dem wir uns innerlich an Familie, Selbstbild und gesellschaftlichen Werten und Leitbildern ausrichten, reagieren wir aufgrund angelernter und übernommener Verhaltensweisen. Aber Christus hat uns frei gemacht, so dass wir Gottes Wort und die Leitung durch den Heiligen Geist als unsere neue Orientierung übernehmen können: nicht mehr festgelegt durch alte Erfahrungen, traurige Erinnerungen, gesellschaftliche Erwartungen, sondern frei für Gottes Sicht der Wirklichkeit und seine Führung.[27]

Gottes Angebot der Heilung von Fehlprägungen

Wir Menschen sind einem Vogel vergleichbar, der in einem Käfig sitzt. In ihm kann er sich zwar frei bewegen, aber die Freiheit ist doch sehr eingeschränkt und immens klein. Dieser Käfig symbolisiert unsere Prägungen, die wir mitbekommen haben: kulturelle, familiäre, geschlechtliche Prägungen.

Wenn ein Mensch sein Leben Gott übergibt und anfängt, in der Freundschaft zu ihm zu leben, dann ist ihm ein neues Leben geschenkt. Um im Bild zu bleiben: der Vogel ist innerlich erneuert. Der Vogel ist neu geworden, sitzt aber immer noch in seinem Käfig. Doch Gott macht die Käfigtür auf. Er streckt seine Hand aus und lockt ihn herauszukommen. Gott will uns Freiheit schenken, Freiheit von allem, was uns unfrei macht, bindet, unser schöpfungsgemäßes Menschsein blockiert.

Aber wir haben Angst. Wir sind den Käfig gewohnt und wir wissen nicht, wie es ist zu fliegen. Dieser Käfig, der uns so beschränkt und einengt, gibt uns nämlich auch Sicherheit. Und die von Gott angebotene Freiheit macht uns vielfach Angst. Doch er zeigt uns, dass er vertrauenswürdig ist. Er überzeugt uns davon, dass seine Hand uns auffängt, wenn wir uns aus unserem Käfig begeben. Er macht uns klar, dass er größer, mächtiger, liebevoller, anders ist, als wir denken. Er ist nicht der kleinliche, abrechnende Gott mit dem erhobenen Zeigefinger. Er ist der Vater, der auf seinen Sohn/seine Tochter wartet, der uns über alles liebt, der alles für uns gibt und der viel für sein Kind bereithält und sich nach ihm sehnt.

Wenn wir anfangen, dieser Liebe Gottes zu vertrauen und uns in seine Hand begeben, herausgehen aus dem Käfig, dann wird er uns den kleinen „Schubs" geben, den wir brauchen und wir werden anfangen zu fliegen. Vielleicht werden wir zunächst vorsichtig kleine Kreise ziehen. Dann aber werden wir weiter hinausfliegen in die Weite und die Freiheit des Glaubens, die Gott uns geben möchte.

Was können konkrete Fehlprägungen sein?

Das neue Leben, das Gott uns schenkt, will in alle Bereiche unseres Lebens hinein und sie verwandeln. Diese Neuwerdung ist ein Prozess und geschieht nicht von heute auf morgen, wie von selbst. Zwar haben wir bei unserer Hinwendung zu Gott, bei unserer Bekehrung, ein anderes Vorzeichen für unser Leben bekommen. Der Vogel wurde erneuert und die Käfigtür geöffnet. Wir sind nun Freunde Gottes und dürfen uns ihm anvertrauen. Er will uns die Kraft, die Ausrüstung, einfach alles geben, um zu dem zu werden, was Gott sich gedacht hat. Aber das ist nur möglich, wenn wir wirklich in einer Beziehung der Freundschaft und Liebe zu ihm leben.[28]

• Eigene Identität

In einem erster Schritt lernen wir uns so zu sehen, wie Gott uns sieht. Unsere Selbstwahrnehmung weicht meistens recht stark von dem ab, wie Gott uns sieht. Wir müssen es revidieren. Da unsere negative Selbstwahrnehmung ihren

Grund oft in den Anfangsphasen unseres Lebens hat, ist es wichtig, dass Gottes heilendes Handeln in diese Phase hineinkommt.

Vielleicht waren wir ein „Unfall", nicht geplant und nicht gewollt. Nicht wenige Menschen leben nach dem Motto: „Entschuldigung, dass ich da bin". Doch wir dürfen wissen und sicher sein, dass Gott es ist, der uns gewollt, ja geplant hat!

Vielleicht versuchte unsere Mutter eine Abtreibung. Folge davon kann sein, dass ein Mensch von dem Gefühl bestimmt wird, dass er eigentlich kein Recht zu leben hat. Solche Menschen treffen wir gerade unter der jüngeren Generation recht häufig an, auch in unseren Gemeinden. In ihnen ist eine lebensverneinende Haltung angelegt, mit der sie sich lebendig zu Grunde richten. Wie befreiend und heilend ist es da, von Gott zu hören, dass er uns behütet hat, dass er seine Hand über uns gehalten hat, weil er unbedingt wollte, dass wir leben.

Vielleicht fühlten wir uns abgeschoben, weil wir als Kleinkinder schon immer in der Krippe abgegeben wurden. Wir hatten das Gefühl, lästig und verlassen zu sein. Das kann zur Folge haben, dass ein Mensch von der Angst bestimmt ist, anderen zur Last zu fallen, zu stören. Doch Gott sehnt sich nach jedem von uns persönlich, er freut sich an uns – sooft wir zu ihm kommen! Er seht sich nach der Gemeinschaft mit uns.

Vielleicht wünschten sich unsere Eltern unbedingt ein Mädchen – und wir wurden ein Junge. Oder sie wünschten sich einen „Stammhalter" und was kam – ein Mädchen. Solche Gegebenheiten in der Kindheit können Ursache für sexuelle Unsicherheit und Fehlentwicklungen sein. Hier ist es bestätigend und heilend zu wissen, dass Gott es ist, der uns unser Geschlecht zugeordnet hat – egal was unsere Eltern planten. In Gottes guten Absichten für jedes menschliche Leben ist auch die Festlegung des Geschlechtes enthalten.

Vielleicht sind wir unzufrieden mit unserem Aussehen. Wie viele Menschen schauen ungern in den Spiegel und vergleichen sich mit den Modeidealen unserer Gesellschaft. Doch Gott es ist, der uns unser Aussehen gegeben hat und der wie am ersten Tag der Schöpfung sagt: es ist sehr gut! Er wollte jeden von uns so, wie er ist. Nicht anders!

Vielleicht wünschten sich unsere Eltern, dass wir bestimmte Fähigkeiten haben und waren dann enttäuscht über uns. Sie hofften, dass wir Klavier spielen lernen, eine Sportskanone werden oder einen prestigeträchtigen Beruf ergreifen. Und vielleicht haben wir uns so sehr bemüht, ihre Erwartungen zu erfüllen und haben sie und uns selbst dann doch enttäuscht. So kann es sein, dass man auf dem Klavier übt und übt und nie mehr als Mittelmäßigkeit erreicht. Dabei übersieht man vielleicht, dass man eigentlich andere Begabungen hätte und lässt diese brach liegen. Gott ist es, der uns unsere spezifischen Eigenschaften und Fähigkeiten zugedacht hat. Gott wollte uns so, wie wir sind. Wir sind weder

Zufall noch Fehlplanung. Jeder ist ein einzigartiges Wesen nach Gottes vollkommenem Plan. Gott hat etwas mit jedem von uns vor – genau so, wie er uns geschaffen hat, will er uns gebrauchen. Sonst hätte er uns anders gemacht!

Manchem fällt es vielleicht schwer, solche Gedanken nachzuvollziehen. Aber es ist so unendlich wichtig, dass wir lernen uns so zu sehen, wie Gott uns sieht, das zu hören, was er über uns sagt. Es genügt nicht, diese Wahrheiten rational zu bejahen. Sie müssen ganz tief in unser Herz hineinkommen, sie müssen Teil unserer Person werden. Das tiefe Wissen um die Liebe Gottes zu uns ist die Basis aller Inneren Heilung. Deshalb muss bei manchen Menschen zuerst das Gottesbild „heil" werden! Sie müssen Gott als den kennen lernen, der er wirklich ist: der liebende Vater im Himmel. Sie müssen lernen, ihr irdisches Vaterbild nicht auf Gott zu übertragen, sondern sich ganz neu auf ihn einzulassen und ihn so kennen zu lernen, wie er wirklich ist.

Es ist nie zu spät, das zu glauben, was Gott über uns sagt, diese Wahrheit Gottes zu unserer Lebensbasis zu machen. Ein Weg dazu ist, seine Wahrheit über uns aufzunehmen, sie auf uns wirken zu lassen. Hilfreich kann dabei die Übersicht am Schluss sein. Sie enthält mehr als 80 Aussagen darüber, wie Gott uns Menschen sieht. Wer diese Bibelstellen über mehrere Monate täglich betend durchgeht wird entdecken, wie Gottes Wahrheit anfängt zu seinem Herzen zu sprechen und ihn zu verändern!

- **Kultur**

Wir alle sind in einer bestimmten Gesellschaft beziehungsweise Kultur groß geworden, in der es spezifische Werte und Normen gibt. Diese Werte sind nicht alle gottgegeben. Manche Werte laufen dem zuwider, was Gott möchte. Keine Kultur ist von sich aus christlich. Es gibt kein „christliches" Land. Es gibt Länder, in denen noch mehr christliche Werte vertreten werden, als in anderen. Aber wir sollten prüfen, welche unserer Werte eigentlich dem Reich Gottes entsprechen und welche nicht.

Beispielsweise sind wir westlich geprägten Christen auffallend leistungs- und erfolgsorientiert. Natürlich ist Leistung an und für sich kein unchristlicher Wert. Aber wie schnell drängt der Leistungsgedanke die Menschlichkeit zurück. Wie viele Christen gehen über Leichen, um zum Erfolg zu kommen. Dem beruflichen Vorankommen werden viele Opfer gebracht. Und wie viele Menschen sind in seelischer Not, weil sie der geltenden Leistungsnorm nicht gerecht werden können. Es gibt nicht zu leugnende Zusammenhänge zwischen unserer Leistungsgesellschaft und den sozialen Problemen. Auch das Gemeindeleben bleibt vom Leistungsgedanken nicht verschont. Ein guter Mitarbeiter ist viel zu oft der Mitarbeiter, der viel für seine Gemeinde tut. Nicht die Beziehung zu Christus ist wichtig, sondern das Tun, die Aktivität. Da verwundert es gar nicht, dass in einer solchen Gesellschaft die Methodisierung und Quantifizierung von Gemeindeaktivitäten Hochkonjunktur hat und Gemeindegebetstreffen eine Randerscheinung bleiben.

Verbunden damit ist auch die starke materielle Orientierung unter uns Christen. Auch wir sind sehr anfällig für den Gedanken, dass ein neues Auto, die neueste Mode, der ausgefallenste Urlaubsort, der clevere Aktienfonds und die alles absichernden Versicherungspolicen zu unserem Glück viel beitragen können. Wie viele Beziehungen auch unter Christen gehen kaputt, weil niemand mehr Zeit hat, in die Beziehung, die Familie zu investieren, geschweige denn in andere Menschen! Gott will in unser familiäres, berufliches und gesellschaftliches Leben hinein, er will uns geben, was wir brauchen und noch viel mehr – er will uns glücklich machen. Deshalb ist es wichtig, dass er uns hier korrigieren darf.[29]

Dies sind nur zwei Punkte. Es wären hier noch weitere anzusprechen. Vielleicht hilft die Übersicht 2 einmal vor Gott durchzudenken, nach welchem Wertesystem wir eigentlich leben. Gott will uns davon frei machen, fraglos gesellschaftliche und kulturelle Werte zu übernehmen, die uns letztlich die Freiheit und das Leben rauben. Gott möchte von falschen Abhängigkeiten und Zwängen befreien. Und er wird uns auch durch seine Kraft befähigen, nach seinen Maßstäben zu leben.

Übersicht 2: Gott setzt neue Maßstäbe

Kulturelle Werte und Normen	Reich-Gottes-Werte und Norme
1. Ich bin der Herr meines Schicksals.	1. Er hat euch freigekauft und als sein Eigentum erworben (1.Kor. 6,20a).
2. Sei stark, die Schwachen haben keinen Erfolg.	2. Den Sanftmütigen wird Gott die Erde zum Besitz geben (nach Matth. 5,5).
3. Je mehr du besitzt, desto erfolgreicher wirst du sein.	3. Freuen dürfen sich alle, die nur noch von Gott etwas erwarten. Mit Gott werden sie leben in seiner neuen Welt (Matth. 5,3).
4. Geld und guter Ruf werden dich an dein Ziel bringen.	4. Sorgt euch zuerst darum, dass ihr euch Gottes Herrschaft unterstellst und tut, was er verlangt, dann wird er euch schon mit all dem anderen versorgen (Matth. 6,33).
5. Denke über deine Zukunft nach und fange an, dich abzusichern	5. Sammelt keine Schätze hier auf Erden! (Matth. 6,19).

Kulturelle Werte und Normen	Reich-Gottes-Werte und Norme
6. Sex ist nur ein physischer Akt. Sammle viel Erfahrungen. Enthaltsamkeit ist Dummheit.	6. Wisst ihr nicht, das euer Leib ein Tempel des Heiligen Geistes ist, der in euch wohnt? (1.Kor.6,19).
7. Gönn' dir was. Und wenn du schon etwas gibst, dann zeige den anderen, wie gut du bist.	7. Wenn du etwas spendest, dann tu es so unauffällig, dass deine linke Hand nicht weiß, was die rechte tut (Matth. 6,4).
8. Wähle aus, wenn du lieben und wen du hassen möchtest.	8. Liebt eure Feinde und betet für alle, die euch verfolgen (Matth. 5,44).
9. Du hast einen gesunden Menschenverstand und kannst andere gut beurteilen.	9. Verurteilt nicht andere! (Matth. 7,1).
10. Versöhne dich nur dann mit jemandem, wenn das deinen Zielen dienlich ist.	10. Soweit es möglich ist und auf euch ankommt, lebt mit allen in Frieden (Römer 12,18).

- **Geschlecht**

In unserer Gesellschaft herrscht eine große Unsicherheit in Bezug auf die Geschlechtlichkeit des Menschen: Weit verbreitet ist die Unklarheit, was Frau- oder Mannsein ausmacht.[30] Welche Rolle spielt der Mann, die Frau? Der Trend, gar nicht mehr heiraten und gar Kinder haben zu wollen, weißt auf Identitätsunsicherheiten hin. Wie kann man sich an einen anderen Menschen binden, wenn man selbst nicht weiß, wer man ist? Wie kann man sich darauf einlassen, Kinder in die Welt zu setzen, wenn man selbst nicht mit dem Leben zurecht kommt? Wie orientierungslos wir geworden sind, erkennt man auch daran, wie die Homosexualität als Schöpfungsvariante deklariert wird, perverse Sexualpraktiken als „sexuelle Vorliebe" schöngeredet werden und wie weit verbreitet sexueller Missbrauch ist: jede fünfte Frau hat Missbrauchserfahrungen gemacht.

Geschlechtsunsicherheit ist oft Folge von emotionaler Fehlprägung und von erlittenem Missbrauch. Solche Menschen leiden unter Beziehungsstörungen in Bezug auf sich selbst, andere Menschen und Gott. Aber Gott, der uns geschaffen hat, der uns als geschlechtliche Wesen gewollt hat, kann auch hier heilend eingreifen.

Viele von uns haben sich auf den Geschlechterkampf eingelassen anstatt zu lernen, Teil einer Einheit zu sein. Aber Gott will die Versöhnung zwischen den

Geschlechtern. Er will, dass wir unser Geschlecht mit Freuden annehmen und uns gerne durch das andere Geschlecht ergänzen lassen. Nicht beherrschen, nicht konkurrieren, sondern ergänzen. Keiner muss mit allem alleine fertig werden. Keiner muss immer vorn sein. Auch braucht keiner seine Gaben unter den Scheffel zu stellen. Jeder bedarf der Ergänzung und darf den anderen ergänzen.

Wir dürfen Gott um eine neue Sicherheit bezüglich unseres Geschlechts bitten. Wir dürfen neu ja sagen zu dem Teil des Menschseins, den er uns zugedacht hat. Wir dürfen ihn bitten, zu der Frau oder zu dem Mann zu werden, den Gott sich gedacht hat. Wir dürfen und sollen bitten, dass er dort, wo wir zutiefst leiden, heilend eingreift. Wir dürfen ihn bitten uns zu vergeben, wo wir uns als Mann und Frau gegenseitig verletzt haben.

• Familie

Wir sind alle geprägt durch unsere Familie und Familiengeschichte. Es wurde uns Gutes vererbt, aber auch Belastendes. Wir haben uns unsere Familie nicht ausgesucht, wir sind in sie hineingeboren und haben viele Dinge mitgeliefert bekommen: psychische Probleme (z. B. depressive Familie), physische Probleme (z. B. Erbkrankheiten), Generationsprobleme (z. B. Alkoholabhängigkeit), geistliche Probleme (z. B. Prägung durch eine falsche Weltanschauung), okkulten Transfer (z. B. Einfluss durch Ausübung okkulter Praktiken in der Familie), Fehlhaltungen (z. B. Jähzorn, Geiz etc.), Familienflüche (z. B. Familien, in denen häufig Selbstmord vorkommt). Wir haben manchmal das Gefühl, von all diesen Dingen mehr bestimmt zu sein als von unserer neuen Identität als Kind Gottes.

Wir sind auch nicht in der Lage aus eigener Kraft von diesen Fehlprägungen loszukommen. Aber Jesus hat auf Golgatha gesagt: „Es ist vollbracht!". Der Käfig ist offen. Er gab uns neues Leben, einen neuen Anfang. Am Kreuz hat Jesus Christus durch seinen Tod und seine Auferstehung all das besiegt, was uns beschränkt und behindert. Er hat alle Mächte gebrochen, die uns blockieren wollen. Wir können den Käfig verlassen. Wir haben die Wahl! Wir dürfen den Sieg Jesu für uns ganz persönlich in Anspruch nehmen und gehen in die Freiheit, die Jesus uns schenken will.

Natürlich liebt Gott uns so wie wir sind, inklusive aller Beschränkungen, Bindungen, Festlegungen, Fehlentwicklungen. Aber er will uns in die Freiheit führen. Das heißt nicht, dass jedes Problem, jede Belastung, die wir mitbringen, sich in Luft auflösen wird. Nicht jedes Leid oder Leiden wird von uns genommen werden. Aber wir sollten nicht vorschnell all diese Dinge als gottgegeben annehmen! Wo Gott uns von Dingen befreien möchte, wollen wir nach vorne gehen.

Heilung der inneren Verletzungen in fünf Schritten

Wir haben über die Grundlagen unseres Lebens gesprochen. Es wurde deutlich, dass wir uns nicht an dem orientieren wollen, was andere uns glauben heißen, sondern dass alleine Jesus und sein Reich unser neuer Maßstab sein soll. Wir haben eine Umkehr vollzogen, einen neuen Orientierungs- und Bezugsrahmen angenommen.

Doch haben wir alle eine Lebensgeschichte, eine Vergangenheit. Wir haben Erfahrungen gemacht und sie haben uns geprägt. Keiner von uns ist dabei ohne Verletzungen davongekommen. Bestimmt kann jeder von uns Menschen aufzählen, die uns irgendwo in unserem Leben verletzt, blockiert und behindert haben und somit dazu beigetragen haben, dass wir uns nicht so entwickeln und entfalten konnten, wie Gott das geplant hatte: Eltern, Geschwister, Freunde, Kollegen, Mitchristen, der Ehepartner oder die Schwiegereltern.

Vielleicht haben wir nur sporadisch Liebe empfangen oder nur egoistische Liebe. Vielleicht wollten man mehr von uns, als wir in dem Moment geben konnten. Vielleicht wurden wir gebraucht oder sogar missbraucht. Vielleicht wurde Falsches über uns gesprochen. Vielleicht hatten wir niemanden, als wir dringend einen Menschen brauchten.

Wir sehen diese Verletzungen, diese Wunden. Wir wissen, was Menschen uns angetan, ja sogar an uns verbrochen haben. Wir können manche Fehlentwicklung, die daraus resultiert, genau erkennen und benennen. Aber der Blick zurück auf diese Defizite bringt uns keinen Schritt weiter. Wir dürfen unseren Blick aber weg von diesen Menschen, die uns verletzt haben auf Gott als den Vater, Sohn und Heiligen Geist richten. Ihn, der uns zur vollen Entfaltung unserer Existenz bringen will. Seine Liebe will uns anrühren, seine Liebe will da hineinkommen, wo wir die Defizite haben und will die Situation durch seine Gegenwart neu deuten und umwerten. Er wird uns die Vergangenheit nicht wegnehmen, aber er will in sie hineinkommen, er will die Wunden heilen, den Schmerz wegnehmen und uns das Leben in der Fülle und Freiheit der Kinder Gottes schenken.

Wie sieht das praktisch aus?[31] Es kann sein, dass wir uns entschlossen haben zu vergeben und nach vorne zu schauen. Aber wir merken, dass unser Herz nicht nachkommt, wie der Schmerz uns immer wieder einholt. Vielleicht haben wir unsere Wunde zu schnell zugepflastert, vielleicht eitert sie unter dem Pflaster weiter und bereitet uns so weiterhin Schmerzen. Hier will Jesus ansetzen. Er möchte in diese Situation hineinkommen. Er will uns ganz behutsam das Pflaster abnehmen, er will mit uns an den Punkt zurückgehen, der weh tut, der belastet und will durch seine Gegenwart Heilung bringen.[32]

Dazu sollen nun 5 Schritte aufgezeigt werden, die wir mit jeder Verletzung, die wir erlebt haben, durchgehen können.[33] Dabei erlebt man, wie nach und nach die Last auf unseren Schultern leichter wird. Wir werden in einen Prozess der Heilung hinein genommen, durch den Gott uns verändern wird. Natürlich ist dieser Prozess nicht in einem Tag abgeschlossen, aber wir dürfen Schritt für Schritt mit Jesus weitergehen, bis wir heil geworden sind.

• Heilungsschritt 1: Biografische Brüche wahrnehmen

Wir gehen mit Jesus zurück in die betreffende Situation und erzählen ihm alles, was geschehen ist, was uns schwer fällt, wo wir uns verletzt fühlen. Wir sagen ihm alle unsere Gefühle. Dann bitten wir ihn, dass er zu uns in diese Situation kommt und sie dadurch verändert. Wir bitten Jesus, unsere Verletzungen und Wunden zu heilen. Wir erwarten ganz konkret, dass durch seine Gegenwart etwas verändert wird.

Wenn wir um diese Veränderung beten, dürfen wir das in der Gewissheit tun, dass Jesus etwas in uns tun wird, dass seine heilende Kraft an uns wirkt. Unabhängig davon, ob und was wir beim Gebet konkret erleben. Oft geschieht es, dass Menschen während des Gebets in irgendeiner Weise Gottes Gegenwart erleben. Das kann auf unterschiedlichste Weise geschehen: man sieht mit seinen inneren Augen, dass Jesus in die Situation hineinkommt. Er macht etwas, was die Situation verändert. Vielleicht legt er schützend seinen Arm um uns, vielleicht zeigt er durch eine Geste, dass er uns versteht, oder sich schützend vor uns stellt, um Schlimmeres zu verhindern. Es kann sein, dass Gott zu uns spricht, uns einen Gedanken gibt, der die Situation verändert, beispielsweise Trost, spontanes Verstehen oder ein Bibelwort. Vielleicht spüren wir sogar körperlich eine Erleichterung. Ein Druck oder innerer Schmerz geht weg. Oder wir bekommen einen tiefen inneren Frieden. Vielleicht nimmt uns Gott das Gefühl, dass wir selbst schuld sind, so verletzt worden zu sein, wie es etwa bei Missbrauch oft der Fall ist.

Wichtig dabei ist, dass diese Art zu beten kein Ritual darstellt, durch das etwas bewegt werden soll, sondern dass es hier um eine Begegnung mit Gott als dem Vater, Sohn und Heiligen Geist geht. Man braucht auch keine Technik, um irgendetwas in sich zu produzieren.[34] Was während des Gebets geschieht, bestimmt Gott. Wenn man irgendetwas konkret sieht oder hört oder erlebt ist das ganz einfach sein Geschenk. Wichtig jedoch ist die Offenheit für ihn und die Erwartung, dass er uns in irgendeiner Weise begegnen wird und etwas in unserem Herzen verändern wird.

- **Heilungsschritt 2: Vergebung gewähren**

Weil Jesus nun mit uns in dieser Situation ist und weil er unsere Verletzung heilt, sind wir durch ihn in der Lage, demjenigen zu vergeben, der an uns schuldig geworden ist. Wir bitten ihn, uns zu helfen, dem anderen durch seine Kraft wirklich von ganzem Herzen vergeben zu können und ihm nichts mehr nachzutragen. Wir sprechen diese Dinge konkret vor Gott aus und vergeben im Namen Jesu.

Vergeben ist ein Prozess. Je größer die Verletzung, desto schwerer ist es normalerweise zu vergeben. Wir müssen lernen, in die Vergebung hineinzuwachsen. Es braucht bei größeren Verletzungen durchaus längere Zeit, bis aus dem Aussprechen des Vergeben-Wollens ein Vergeben von Herzen wird.

Manchmal steckt in uns auch eine ganz tiefe Enttäuschung über Gott, dass er diese Dinge zugelassen oder nicht verhindert hat. Hier ist es hilfreich, wenn wir Gott all diese Gedanken abgeben und ihm wieder neu unser Vertrauen aussprechen. Wir nehmen neu im Glauben an, dass Gott Liebe ist und dass er auch aus schwersten Lebenssituationen etwas Gutes machen wird.

- **Heilungsschritt 3: Vergebung Christi erbitten**

Wer verletzt wurde, entwickelt Reaktionen auf diese Verletzung. Und hier sitzt oft unser Hauptproblem. In unserem Herzen entstehen Bitterkeit, Hass, Enttäuschung, Verachtung, Ablehnung oder Ärger dem Menschen gegenüber, der uns verletzt hat und vielleicht auch Gott gegenüber, der das nicht verhindert hat. Wir sind nicht mehr frei. Wir halten an unseren falschen Reaktionsmustern fest und glauben, ein Recht darauf zu haben. Wir können dem anderen nicht mehr normal begegnen und vielleicht ist auch unsere Beziehung zu Gott dadurch getrübt.

Jesus will nicht, dass wir diese negativen Reaktionen mit uns herumtragen. Er will uns davon befreien. Die Bibel nennt solche negativen Reaktionen Sünde. Und Sünde ist immer lebenshemmend. Es gibt nichts Befreienderes, als Sünde loszuwerden. Daher geben wir Jesus alles ab, was sich in unserer Seele angestaut und festgesetzt hat. Wir bringen alles ans Kreuz und bitten ihn, uns diese falschen und sündigen Reaktionen zu vergeben. Wir lassen diese Lasten am Kreuz und nehmen sie nicht wieder mit.

- **Heilungsschritt 4: Bitte um neue Lebenswerte**

Die Bereiche, des Herzens, die mit Sünde besetzt waren, werden durch Sündenbekenntnis frei. In diese befreiten Herzensbereiche soll der Heilige Geist eingeladen werden. Er soll nun in den ehemals sündigen Bereichen herrschen. Wir bitten ihn nun das, was wir am Kreuz abgeladen haben, durch Reich-

Gottes-Werte zu ersetzen: Bitterkeit mit Frieden, Enttäuschung mit Hoffnung, Hass mit Liebe, Ärger mit Freundlichkeit, Verachtung mit Wertschätzung, Ablehnung mit Zuwendung, Stolz mit Demut. Auch dieses Gebet um den Austausch der Eigenschaften ist ein Gebetsprozess.

• **Heilungsschritt 5: Bitte um neue Beziehungen**

In diesem Schritt bitten wir Jesus uns zu zeigen, wie er den Menschen sieht, der uns verletzt hat. Wir bitten ihn uns zu helfen, diesen Menschen zu verstehen, zu sehen, warum er so reagiert hat. Und wir bitten Jesus, uns zu zeigen, wie wir auf eine neue Art mit ihm umgehen können. Wir laden ihn ein, sich zwischen uns und diesem Menschen zu stellen, die Beziehung so zu gestalten, wie er sie haben möchte. Es ist hilfreich, Jesus um klare Führung zu bitten und die Schritte, die er uns zeigt, dann zu gehen. Hierbei kann es sein, dass er uns zeigt, dass wir Abstand von dieser Person brauchen. Umgekehrt kann es aber auch sein, dass er einen neuen Zugang und Nähe zu der Person schenken will Wie auch immer Christus die emotionale Nähe gestalten will: Wir dürfen Gott bitten, diesem Menschen Gutes zu tun, seine Gefühle und Gedanken durch seinen Heiligen Geist zu beeinflussen, ihn zu segnen.

Diesen Prozess der fünf Schritte kann man alleine im Gebet mit Jesus durchgehen oder aber auch gemeinsam mit einem Seelsorger. Wenn wir merken, dass wir mit einer Sache alleine nicht fertig werden, ist es wichtig, dass wir nicht zu stolz sind, die Hilfe unserer Mitchristen in Anspruch zu nehmen, mit ihnen gemeinsam vor Gott zu kommen. So mancher, der auf diese Weise Befreiung gefunden hat, wird von Gott dann selbst wieder für andere als Helfer eingesetzt werden.

Gebet um innere Heilung: Hoffen auf Gottes erbarmendes Eingreifen

Innere Heilung durch Gottes Gegenwart, sein Eingreifen und seine liebende Zuwendung kann nicht zu einer von Menschen verfügbaren Methode gemacht werden. Was weitergegeben werden kann, sind Erfahrungen und praktische Anregungen. Sie können helfen, biblische Einsichten konkreter werden zu lassen. Aber ohne den Heiligen Geist werden diese Konkretisierungen nicht helfen. Das Heilungsgebet lebt aus dem Hören des Seelsorgers und des Hilfesuchenden auf Gottes Wort und was Gottes Geist offenbart und tun möchte. Sehr schnell wird allen Beteiligten die absolute menschliche Unfähigkeit klar, irgendetwas bewirken zu können. Aber es wird auch deutlich, dass Gott Wunder tun kann und Wunder tut.

Anhang: Gebetsimpuls – Wie Gott den Menschen sieht

1. Ich habe dich als mein Abbild geschaffen (1. Mose 1,27)
2. Ich bin mit dir (1. Mose 28,15)
3. Ich segne dich (1. Mose 49,25)
4. Ich habe Gutes im Sinn für dich (Genesis 50,20)
5. Ich bin besorgt um dich (2. Mose 4,31)
6. Ich kenne dich mit Namen (2. Mose 33,17)
7. Ich gehe mit dir (3. Mose 26,12)
8. Ich kämpfe für dich (5. Mose 1,30)
9. Ich trage dich, wie ein Vater seinen Sohn trägt (5. Mose 1,31)
10. Ich gebe dich nicht auf (5. Mose 4,31)
11. Ich habe dich ausgewählt (5.Mose 10,15)
12. Ich bewahre dich wie meinen Augapfel (5. Mose 32,10)
13. Ich beschütze dich Tag und Nacht (5. Mose 33,26)
14. Ich komme dir mit den Wolken zu Hilfe (5. Mose 33,26)
15. Ich habe dich erwählt (1. Samuel 12,22)
16. Ich beschütze dich (Psalm 5,12)
17. Ich habe dich zur Krone der Schöpfung erhoben (Psalm 8,6)
18. Ich habe dich mit Würde bekleidet (Psalm 8,6)
19. Ich habe dich als Herrscher eingesetzt, dir alles zu Füßen gelegt (Psalm 8,7)
20. Ich rette dich (Psalm 18,17)
21. Ich beantworte deine Hilferufe (Psalm 22,25)
22. Ich nehme dich auf, wenn andere dich verstoßen (Psalm 27,10)
23. Ich errette dich aus jeder Not (Psalm 34,18)
24. Ich gebe dir, was du dir von Herzen wünscht (Psalm 37,4)
25. Ich bin dein Helfer (Psalm 54,6)
26. Ich lasse dich nie zu kurz kommen (Psalm 84,12)
27. Ich bin deine Zuflucht (Psalm 91,2)
28. Ich bin dein Hirte (Psalm 100,3)
29. Ich kenne dich (Psalm 139,1)
30. Ich kenne deine Gedanken (Psalm 139,2)
31. Ich bin dir gnädig und barmherzig (Psalm 145,8)
32. Ich gebe dir alles, was du brauchst (Psalm 145,16)
33. Ich liebe dich (Psalm 149,4)
34. Ich trage dich auf meinen Armen (Jesaja 40,11)
35. Ich halte dich an deiner Hand (Jesaja 41,13)
36. Ich habe dich erlöst, du gehörst zu mir (Jesaja 43,1)
37. Ich erhalte dich am Leben (Jesaja 43,4)
38. Ich habe dir deine Schuld und deine Sünden vergeben (Jesaja 44,22)
39. Ich trage dich bis ins hohe Alter (Jesaja 46,4)
40. Ich habe deinen Namen unauslöschlich auf meine Handflächen geschrieben (Jesaja 49,16)
41. Ich tröste dich (Jesaja 51,12)
42. Ich nahm für dich den Tod auf mich (Jesaja 53,12)
43. Ich hole dich wieder zu mir (Jesaja 54,7)
44. Ich habe Erbarmen mit dir (Jesaja 54,8)
45. Ich will dich trösten (Jesaja 57,18)
46. Ich gebe dir Gesundheit und Kraft (Jesaja 58,11)

47. Ich verwandle deine Mutlosigkeit in Jubel (Jesaja 61,3)
48. Ich gebe dir einen neuen Namen (Jesaja 62,2)
49. Ich habe dich gekannt, ehe ich dich im Mutterleib bildete (Jeremia 1,5)
50. Ich habe dich erwählt, ehe du geboren wurdest (Jeremia 1,5)
51. Ich begegne dir mit ewiger Güte (Jeremia 31,3)
52. Ich wasche deine Schuld von dir ab (Hesekiel 36,26)
53. Ich schenke dir ein neue Herz (Hesekiel 36,26)
54. Ich ersetze, was dir genommen wurde (Joel 2,25)
55. Ich freue mich von ganzem Herzen über dich (Zefanja 3,17)
56. Ich juble, wenn ich an dich denke (Zefanja 3,17)
57. Ich mache dich zum Licht der Welt (Matthäus 5,14)
58. Ich kümmere mich um dich, du bist mir sehr wertvoll (Matthäus 6,26)
59. Ich gebe dir gute Dinge (Matthäus 7,11)
60. Ich suche dich (Matthäus 18,12)
61. Ich habe für dich meinen einzigen Sohn gegeben (Johannes 3,16)
62. Ich lasse dich nicht als Waise zurück (Johannes 14,18)
63. Ich liebe dich und gebe mich dir zu erkennen (Johannes 14,21)
64. Ich gebe dir meinen Frieden (Johannes 14,27)
65. Ich habe dich erwählt damit du hingehst und Frucht bringst (Johannes 15,16)
66. Ich bitte für dich (Johannes 17,9)
67. Ich verurteile dich nicht (Römer 8,1)
68. Ich befreie dich vom Gesetz des Todes und der Sünde (Römer 8,2)
69. Mein Geist macht dich zu meinem Kind (Römer 8,14)
70. Ich sorg dafür, dass dir alles zum Guten dient (Römer 8,28)
71. Ich bin für dich, wer kann gegen dich sein? (Römer 8,31)
72. Ich möchte Gemeinschaft mit dir haben (1. Korinther 1,9)
73. Ich habe dir meinen Heiligen Geist gegeben, du bist mein Eigentum (2. Korinther 1,22)
74. Ich habe Frieden mit dir geschlossen (2. Korinther 5,18)
75. Ich will dein Vater sein (2. Korinther 6,18)
76. Ich schenke dir den Geist meines Sohnes (Galater 4,6)
77. Ich habe dir mit Christus neues Leben geschenkt (Epheser 2,4)
78. Meine Macht in dir kann viel mehr tun, als du erbitten oder du dir vorstellen kannst (Eph.3,20)
79. Ich habe dich aus der Gewalt der Finsternis befreit (Kolosser 1,13)
80. Ich habe dich mit Christus lebendig gemacht und dir alle Schuld vergeben (Kolosser 2,13)
81. Ich trete für dich ein (Hebräer 7,25)
82. Ich habe dir aus freiem Willen neues Leben geschenkt (Jakobus 1,18)
83. Ich habe dich durch meinen Tod am Kreuz von deinen Sünden befreit (Offenbarung 1,5)

---

[1] Der Artikel erschien unter: „Heilwerden durch Gottes Gegenwart" *Brennpunkt Seelsorge. Beiträge zur biblischen Lebensberatung* (2001) 6:164-177 und wurde für die Drucklegung überarbeitet. Dem Artikel lag ein Vortrag zugrunde. Der Redestil wurde bewusst beibehalten.

[2] Brundtland, Gro Harlem. „Mental health in the 21st century", *Bulletin of the World Health Organization* 78 (2000) 4:411.

[3] Üstum, T. Bedirhan. „The Global Burden of Mental Disorders", *American Journal of Public Health* 89 (1999) 9:1315-1318 [1315].

[4] Grundmann, Christoffer H.. „Heilen – eine Herausforderung an Kirche, Mission und Theologie". *MMH-Report* (2008) Nr. 11:6-15 [7].

[5] Obasanjo, Olusegum. Ansprache zum World Mental Health Day 2000. Internetseite der WHO in Nigeria, http://www.who-nigeria.org/quarter/million.html, 11.03.2002.

[6] http://www.who.int/features/factfiles/mental_health/en/index.html, 30.06.2008.

[7] Medico International. *Die Gewalt überleben. Psychosoziale Arbeit im Kontext von Krieg, Diktatur und Armut.* Frankfurt: Mabuse-Verlag, 2001.

[8] Mehler, Andreas und Claude Ribaux. *Krisenprävention und Konfliktbearbeitung in der Technischen Zusammenarbeit.* Wiesbaden: Universum Verlagsanstalt, 2000 und Scherg, Nina. *Entwicklungsorientierte Traumabearbeitung in Nachkriegssituationen.* Eschborn: Deutsche Gesellschaft für Technische Zusammenarbeit, 2003.

[9] Jakob, Beate. „›Dein Glaube hat dir geholfen‹ – Trägt der Glaube zu Heilung und Gesundheit bei?" http://www.difaem.de/publikationen/archiv_publikationen/difaemzumthema803.pdf, 02.07.2008.

[10] Benn, Christoph. „Heilsamer Glaube? Ergebnisse wissenschaftlicher Studien über den Zusammenhang zwischen Spiritualität, Gemeinschaft und Gesundheit", S. 47-57, in: Deutsches Institut für Ärztliche Mission (Hg), *Die vernachlässigten Dimensionen. Auseinandersetzungen mit Gesundheit und Heilung im ökumenischen Prozess.* Tübingen: DIFÄM, 2000, S. 56.

[11] Wenzelmann, Gottfried. *Innere Heilung. Theologische Basis und seelsorgerliche Praxis.* Wuppertal: Brockhaus, 2003, S. 15ff.

[12] Flynn, Mike und Doug Gregg. *Inner Healing. A Handbook for Helping Yourself and Others*, Downers Grove: Inter Varsity Press, 1993, S. 23 und 57.

[13] Seamands, David A.. *Heilung der Erinnerungen. Das Wunder der inneren Heilung.* Marburg: Francke, 1997; Seamands, David A.. *Heilung der Gefühle.* Marburg: Francke, 1997.

[14] Scharrer, Erwin. *Heilung des Unbewussten,* Francke, Marburg, 1995.

[15] Kraft, Charles H.. *Tiefe Wunden heilen. Die kraftvolle Verbindung von geistlicher Kampfführung und innerer Heilung.* Asslar: Projektion J, 20000; Orginaltitel: Deep Wounds – Deep Healing.

[16] Dam, Willem C. van. *Seelsorge in der Kraft des Heiligen Geistes.* Metzingen: Franz, S. 18-24.

[17] Zur theologischen Grundlegung: Wenzelmann. *Innere Heilung,* S. 186-307.

[18] Wimber, John. *Heilung in der Kraft des Geistes.* Hochheim: Projektion J, 1986, S. 98 und 90; Flynn. Inner Healing. S. 59.

[19] Zur theologischen Grundlegung von Heilung allgemein: Bittner, Wolfgang J.. *Heilung – Zeichen der Herrschaft Gottes.* Schwarzenfeld: Neufeld-Verlag, 2007 und Scharfenberg, Roland. *Wenn Gott nicht heilt. Theologische Schlaglichter auf ein seelsorgerliches Problem.* Nürnberg: VTR, 2005.

[20] Westermeier, Arline. *Die verletzte Seele heilen. Gesundung durch Seelsorge.* Wuppertal: Blaukreuz-Verlag, 1996, S. 13-20; Dam, Willem C. van. „Seelsorge in der Kraft des Geistes". *Brennpunkt Seelsorge* (2001) 5:152-157; Tapscott, Betty. *Innere Heilung,* Erzhausen: Leuchter, S. 57-67.

[21] Unterschiedlichsten Fehlprägungen behandelt ausführlich: Sandford, John und Paula. *Heilung des verwundeten Geistes.* Solingen: Gottfried Bernard, 1997 und Seamands. Heilung der Gefühle.

[22] Sehr anschauliche Beispiele wie Menschen unter falschen Lebenskonzepten psychisch leiden können bis zu körperlichen Reaktionen und ihrer Heilung schildert Fountain aus seinem missionsärztlichen Dienst: Fountain, Daniel E.. *Die heilende Kraft Gottes. Krankheit, Heilung und der Faktor Glaube.* Schwarzenfeld: Neufeld Verlag, 2008, S. 127-178.

[23] Zur Aufarbeitung der Familienprägung in der Kindheit und Jugend: Pytches, Marry. *Das Kind von gestern.* Neukirchen-Vluyn: Aussaat, 1990.

[24] Kraft. Tiefe Wunden. S. 160-176.

[25] Sider, Ronald. *Die Jesus-Strategie. Bisher haben wir das Evangelium nur gepredigt, jetzt wird es Zeit, es auch zu leben.* Moers: Brendow, 1997, S. 27.

[26] Hier scheint mir ein eklatantes Defizit in der Literatur über innere Heilung zu liegen. Eine kritische Wahrnehmung überindividueller, gesellschaftlicher und kultureller Phänomene fehlt. Gesellschaft- und Kulturkritik findet nicht statt.

[27] Kusch, Andreas. „Trialogische Kommunikation – in Gottes Gegenwart kommunizieren", S. 48-58, in: K. Müller und Angelika Marsch (Hg.) *Mission als Kommunikation.* Nürnberg: VTR, 2007 und Kusch, Andreas. „Mit dem Heiligen Geist leben lernen. Unser persönlicher Weg, Erfahrungen mit dem Heiligen Geist zu machen". *Aufatmen* (2002) 3:26-31.

[28] Pytches, Marry. *Schritte zur Reife.* Neukirchen-Vluyn: Aussaat, 1993.

[29] Mut zum Querdenken macht der Diskussionsbeitrag der Schweizerischen Evangelischen Allianz: *Optimieren statt Maximieren – Postulate für eine neue Wirtschaftsethik,* http://www.each.ch/filepool/Wirtschaftsethik_Ciudici-SEA-_-_-282e557133a70425ff77bab6eaa0a81.doc

[30] Hinzuweisen ist auf die sehr gute Arbeit des Deutschen Institutes für Jugend und Gesellschaft, Reichelsheim, http://www.dijg.de.

[31] Das Modell einer Seelsorge und seelsorgerliche Richtlinien geben Kraft. Tiefe Wunden Heilen. S. 73-104 und Dam. Seelsorge. S. 25-31; das Heilungsgebet schildert ausführlich: Seamands. Heilung der Erinnerungen. S. 112-131.

[32] Klassischer Weise können drei Gebetsansätze unterschieden werden: Gebet für körperliche Heilung, Gebet für psychische Heilung und Gebet für Befreiung von dämonischen Beeinflussungen. Beste Literatur zu diesen unterschiedlichen Gebetsweisen immer noch: Wimber. Heilung, S. 191-202.

[33] Eine ähnliche Abfolge gibt Lorch: Lorch, Martin. *Stark werden am inneren Menschen. Die Tiefendimension der heilsamen Liebe Gottes.* Ankertexte 28 des Wörnersberger Anker, o.J.: 1. Vergegenwärtige dir deine schmerzhaften Erinnerungen und Erfahrungen 2. Sprich deine Leidenserfahrung vor Christus aus 3. Empfange die Liebe Jesu für jede Situation deines Lebens 4. Lass die Liebe weiterströmen auf diejenigen, die dich verletzt haben 5. Lege im Namen Jesu die Liebe Gottes auf diese Menschen 6. Lasse Taten der Liebe folgen gegenüber diesen Menschen 7. Schließe Frieden mit deiner Lebensgeschichte vor Gott 8. Widerrufe deine alten ›Schwüre‹ 9. Halte an den Zusagen Gottes fest und nimm den alltäglichen Kampf auf.

[34] Auf die Gefahr der Methodisierung des Gebets weist hin: Zimmerling, Peter. „Der Dienst der inneren Heilung". *Brennpunkt Seelsorge* (1997) 1:15-18 [17]; zum Thema Gebet und Methode auch das 6. Kapitel „Methoden und Techniken".

Andreas Kusch

Interkultureller Befreiungsdienst: Notwendigkeit, biblischer Kontext und Praxis

„Ihr Missionare habt uns Jesus gebracht. Dafür sind wir euch dankbar. Aber die Geister habt ihr uns nicht genommen".[1] Dieser Ausspruch einer melanesischen Christin macht deutlich, worunter vielerorts die Missionsarbeit leidet: der Einfluss der dämonischen Welt ist in den Gemeinden noch präsent. Hier bietet der Befreiungsdienst eine geistliche Handhabe, wie Menschen von diesen Mächten freigesetzt werden können.

Zunächst einmal soll aus religionssoziologischer Sicht erklärt werden, warum selbst nach mehr als 150 Jahren Mission in vielen Teilen der Welt Christen noch in der dämonischen Welt zu Hause sind und wie in erwecklichen Aufbrüchen dieses synkretistische Miteinander aufgebrochen wird. Daran schließen sich biblisch-theologische Überlegungen zum Thema an; denn allein sie können dem Befreiungsdienst die notwendige Fundierung geben. Zum Schluss werden dann grundsätzliche Fragen der Praxis dieses Dienstes erörtert.

Synkretismus als Gemeinderealität in der Zwei-Drittel-Welt

In weiten Teilen der Welt ist die synkretistische Durchmischung der Hochreligionen einschließlich des Christentums mit Elementen der indigenen, traditionalen Religionen alltägliche Gegebenheit.[2] So werden beispielsweise rund 50% der Bevölkerung Schwarzafrikas in den Statistiken als Christen ausgewiesen,[3] von daher spricht man zurecht von einem christlich geprägten Kontinent. Aber gleichzeitig bitten 80% der Einwohner den traditionellen, sich immer religiös verstehenden Heiler um Hilfe, bevor sie bei gesundheitlichen Problemen ins Krankenhaus gehen.[4]

Die Problemanzeige, die sich hinter diesen nüchternen Zahlen verbirgt, ist für die meisten Missionskirchen – wenn auch in unterschiedlichem Grade – ähnlich: Bei wichtigen Lebensentscheidungen wie Ehepartnerfindung oder Berufsausbildung und Grenzsituationen wie Krankheit oder materielle Armut greifen Christen vielfach auf Bewältigungsstrategien traditionaler Religionen zurück.

Durch die Aktivierung magisch wirkender Kräfte versucht der Betroffene, für seine Probleme – entweder selbst oder durch religiöse Mittler – die gewünschte Lösung herbeizuführen. Da ist etwa der treue Gemeindeälteste, dessen Baby gestorben ist. Nach dessen Tod wird die Familie nachts durch Geistererscheinungen gestört. Weil für ihn der Zusammenhang von Tod und Geistererscheinung völlig klar ist, sieht er nur noch den Ausweg, mit seiner Familie nachts heimlich auf den Friedhof zu gehen, um dem Totengeist des Babys Opfer zu bringen und ihn so von weiteren Heimsuchungen der Familie abhalten zu können. Ein anderer Gemeindeältester – er ist in seiner Kirche für seinen Einsatz für ein erweckliches Gemeindeleben bekannt – opfert in aller Heimlichkeit seinem Fetisch, um seinen geschäftlichen Erfolg auch weiterhin abzusichern. Aidskranke – von evangelischen Schwestern hingebungsvoll gepflegt – deuten ihre Krankheit zumeist als Fluch und gehen deshalb gleichzeitig zu Heilern der unabhängigen Kirchen oder zu traditionalen Heilern, um sich von diesem Fluch freibeten zu lassen.[5]

An der Bibelschule Batu, bevor sie zum Katalysator für die großen Erweckungen in Indonesien werden sollte, brach heiliggeistgewirkte Sündenerkenntnis aus: „Abgründe okkulter Praktiken taten sich auf. Später mussten wir erkennen, dass nicht ein einziger unter Schülern und Lehrern davon frei war ... an einer Bibelschule, wo über Okkultismus gelehrt wird! Aber so verblendet der Feind Menschenaugen".[6]

An dieser Stelle muss angemerkt werden, dass die generelle Gleichsetzung traditionaler Kulturen, manchmal auch Animismus genannt, mit Okkultismus – verstanden als Glaube und Ergebenheit an die Mächte der Finsternis –, so nicht haltbar ist.[7] Denn traditionale Kulturen sagen nicht nur darüber etwas aus, was im biblischen Sinn mit Religion verbunden ist, sondern regeln auch das Alltagsleben in Bereichen, die eher als kulturell oder wertneutral erachtet werden können.

Menschen in traditionalen Kulturen suchen Krafterfahrungen

Es ist aber für Menschen, die stark durch traditionale Kulturen geprägt sind, mehr als schwer, die Grenze zum Okkultismus zu erkennen, selbst wenn sie Christen geworden sind. Dies liegt unter anderem daran, dass Menschen, die stark durch traditionale Religionen geprägt sind, auf der ständigen Suche nach Lebenskraft sind.[8] Diese Lebenskraft ist es, die ein „gelingendes Leben" in Sicherheit, Gesundheit, Wohlstand, Fruchtbarkeit und guten zwischenmenschlichen Kontakten sicherstellt. Woher diese Kräfte kommen, ist weniger bedeutsam. Denn die Bewertung, ob etwas „gut" ist, hängt in starkem Maße davon ab, ob es dem Einzelnen und seiner Familie dienlich ist oder nicht. Daher ist es für Neubekehrte etwa nicht von vornherein klar, dass weiße Magie – also die Aktivierung okkulter Mächte, die vordergründig dem Menschen helfen – abzulehnen ist. Es bedarf einer gesunden biblischen Lehre über Sünde, um ein Verständnis dafür zu entwickeln, dass nur das „gut" ist, was göttlichen Maßstäben entspricht.[9]

Das neu gewonnene Gottes- und Sündenverständnis hilft, das primär schamorientierte Gewissen für die Schuld des Menschen vor Gott zu sensibilisieren.[10] Diese zunehmende Schuldorientierung ermöglicht wiederum, das angebotene und geschenkte Heil in seiner gesamten Dimension zu begreifen und es nicht – wie in den anthropozentrisch ausgerichteten traditionalen Religionen – auf die irdisch-materiellen Aspekte zu reduzieren.

Aus dem Gesagten wird deutlich, dass es bei Bekehrungen zuerst einmal um die Machtfrage geht: „Nicht ein existentielles Erfahren von Schuld und Vergebung war das Motiv für die Annahme der biblischen Botschaft, sondern die Erfahrung der Macht Gottes, die größer ist als die Mächte der Natur, stärker als die gefährlichen Kräfte der Wald- und Berggeister; eine Macht, die auch vor den bedrohenden Totengeistern schützt; eine Macht, die die Süßkartoffelfelder zu einer guten Ernte heranreifen lässt; eine Macht, die den Menschen die Gesundheit und Kraft erhalten oder wiedergeben kann".[11]

Dort, wo Mission am Anfang die Machtfrage nicht klar stellt und beantwortet, besteht die Gefahr, dass die okkulten Praktiken der traditionalen Religionen weiterhin einen ganz selbstverständlichen Platz im Leben des einzelnen Christen und der Gemeinde einnehmen.

Ratlosigkeit, wie Synkretismus überwunden werden kann

Scheunemann[12] stellt aufgrund seines rund vierzigjährigen Missionsdienstes fest, dass die Realität der dämonischen Mächte und ihr Wirken auch von Missionaren nur wenig gesehen wurde. Das Hauptproblem liegt darin, dass das Weltbild der Missionare vielfach das konkrete übernatürliche Wirken göttlicher und dämonischer Kräfte nicht zulässt.[13] C. S. Lewis bemerkt zutreffend, dass es eine der besten Erfolgsstrategien Satans sei, dem Menschen einzureden, dass es ihn nicht gäbe.[14] Beyerhaus[15] gibt ein praktisches Beispiel, wie er und seine westlichen Mitmissionare Opfer ihres aufgeklärten Weltbildes waren, bis sie schlussendlich anfingen, die Situation biblisch-heilsgeschichtlich zu deuten: „Unter dem theologischen Einfluss rationalistischer Kritik hatten wir die Wirklichkeit der dämonischen Mächte nicht ernst genommen und statt dessen versucht, unsere afrikanischen Gemeindeglieder mit bloßer Aufklärung aus der Gefangenschaft ihres magischen Weltbildes herauszuführen". An diesem Punkt muss Klarheit über das Weltbild herrschen: Sind magische Kräfte, dämonischer Einfluss und Satan selbst nur mythische Schöpfungen, psychologische Befindlichkeiten oder Realitäten, die das Alltagsleben des Menschen beeinflussen und beherrschen können?

Doch selbst dann, wenn das Böse und seine Kräfte durchaus als wirklichkeitsgestaltende Mächte anerkannt werden, ist unter Missionaren vielfach eine zurückhaltende, ängstliche Haltung festzustellen. Dahinter steckt vielfach die

Sorge, dass eine Beschäftigung mit diesen Mächten Probleme aufwerfen könnte, denen man nicht gewachsen ist.

Oswald Sanders – einer der Pioniere der früheren China Inland Mission –, sah das anders: „In den Evangelien sieht man Jesus nicht so sehr beschäftigt mit den verdorbenen Menschen und den üblen Zuständen, denen er begegnete, als mit den bösen Mächten, die dahinter standen... Lasst uns unsere von Gott gegebene Autorität zuversichtlich annehmen und sie anwenden".[16] Geht man von diesem Verständnis aus, so wird man das Böse klar sehen können und ihm ohne Angst – vielmehr aus der Gewissheit des Sieges Jesu lebend – gegenübertreten können.

Eine weitere Ursache in der mangelnden Wahrnehmung und Bewältigung des Synkretismus ist in der unzureichenden theologischen Ausbildung zu sehen: Mbiti[17] berichtet von einem jungen Afrikaner, der in Deutschland im Fach Theologie promoviert wurde. In seine Heimat zurückgekehrt, wird er während seines Begrüßungsfestes Zeuge einer Manifestation von Geistbesessenheit. Die Anwesenden erwarten nun eine vollmächtige Geisteraustreibung. Doch der Theologe kapitulierte vor dieser Aufgabe. Die Herumstehenden fragen sich daraufhin, wozu er denn eigentlich studiert habe, wenn er nun nicht einmal mehr richtig beten könne! Hier schließt sich die Frage an: Können die Absolventen deutscher Ausbildungsstätten, die Missionare ausbilden, mit dieser Realität wesentlich besser umgehen? Inwieweit werden Fächer wie etwa Ethnologie nicht nur theoretisch gelehrt, sondern auch praktisch für die Bewältigung der Lebensprobleme der Menschen fruchtbar gemacht?

Abschließend wäre noch ein letzter Faktor, der die Nichtbewältigung des Okkultismus begünstigt, zu nennen, und zwar das Kommunikationsverhalten des Missionars. Obwohl der Missionar um die Realität des Dämonischen durchaus weiß und geistliche Hilfe geben möchte, kommt er solange mit einheimischen Christen und Nichtchristen darüber nicht ins Gespräch, bis er von sich aus zu verstehen gibt, dass er von der Existenz und Wirkkraft dieser Welt weiß. Denn Missionare werden im Allgemeinen automatisch als Vertreter einer Kultur gesehen, die mit solchen Dingen nichts anfangen kann. Die anfängliche Scheu und Scham der Menschen, über diese Thematik zu reden, kann nur durch Lehre über Heilsgeschichte, Okkultismus, Befreiung und das Angebot einer einfühlsamen, befreienden Seelsorge überwunden werden. Zudem kommt noch erschwerend hinzu, dass sich die Einsatzdauer der Missionare laufend verkürzt. Für diesen Bereich bedarf es aber neben hoher kultureller Sensibilität auch einer vertieften sprachlichen Kompetenz, welche zumeist erst nach einigen Jahren vorhanden ist.

Zusammenhang von Okkultismus, Befreiungsdienst und Erweckung

Gerade in Zeiten, in denen der Heilige Geist in besonderer Tiefe, Kraft und Gnade wirkt, kommt es zur Konfrontation mit okkulten Mächten, die sonst zumeist nur im Verborgenen wirken. Erweckungen machen schlaglichtartig deutlich, wie selbst in der Kerngemeinde okkulte Praktiken üblich sind.[18]

Generell lässt sich sagen, dass alle großen Erweckungen in der Dritten Welt während der letzten 30 Jahre von göttlichen Zeichen und Wundern, Heilung und Dämonenaustreibungen begleitet waren. Trotzdem hat natürlich jeder geistliche Aufbruch – abgesehen von diesen äußeren geistgewirkten außerordentlichen Geschehnissen – sein eigenes Gepräge und seinen eigenen geistlichen Schwerpunkt.

In einigen der weltgrößten Erweckungen spielt die Befreiung von dämonischen Bindungen eine herausragende Rolle. So charakterisiert Patrick Johnstone die riesigen geistlichen Aufbrüche in Argentinien: „Die geistliche Kampfführung gegen die Mächte der Finsternis hat im christlichen Dienst eine wichtige Rolle gespielt, und gegen Bindungen, Zauberei und Sünde sind wichtige Siege errungen worden".[19] Auch Frese nennt den Befreiungsdienst als eine der drei wichtigen Säulen der Erweckung dort.[20]

Untersucht man die größte Erweckung aller Zeiten – in China kommen tagtäglich Tausende zum Glauben – sind die Ergebnisse dieselben: Wunder, Heilungen und Dämonenaustreibungen sind für diese geistliche Bewegung konstitutiv.[21] Gleich lautend werden auch in den Berichten über das ostafrikanische Erweckungsgebiet[22] oder die verschiedensten Aufbrüche in Indonesien[23] immer wieder diese drei Manifestationen göttlichen Wirkens genannt.[24]

Hervorzuheben an dieser Stelle ist, dass diese Lebensäußerungen des Heiligen Geistes nicht an irgendeine denominationelle Zuordnung festzumachen sind. So bemerkt Scheunemann[25], dass die mehr als 150 evangelisierenden Missionsteams der Erweckung in Timor mit ihrem weiten Spektrum neutestamentlicher Gnadengaben in den ersten beiden Jahren des Aufbruchs keine Kontakte zu charismatischen oder pfingstlichen Gruppen hatten. Auch für chinesische Christen wäre es mehr als befremdlich, Heilung, Dämonenaustreibung, Zeichen und Wunder konfessionell zuordnen zu wollen.

Theologischer Relevanzverlust

Hwa Yung, Direktor des Malaysia Theological Seminary, gibt von daher zu bedenken, dass eine genuin evangelikale Theologie, die zu diesen Wirkungsweisen Gottes nichts zu sagen hat, in Asien „evangelistisch kraftlos" und „seelsorgerlich irrelevant" ist und dementsprechend kaum einen Fortschritt in Evangelisation und Mission erzielen wird.[26]

Analysiert man die internationale evangelikal-missiologische Literatur, so wird dieser drohende Relevanzverlust mehr als deutlich, wie folgendes Beispiel zeigt: An einem großen anerkannten evangelikalen Seminar in den Vereinigten Staaten wurden die 27 wichtigsten theologischen Nachschlagewerke daraufhin untersucht, in wieweit sie sich mit Heilungen (sie umfassen hier auch Dämonenaustreibungen) beschäftigen: Ganze 0,08 Prozent des gesamten Seitenumfangs war diesen Themen gewidmet![27]

Beyerhaus[28] – Jesu Wirken analysierend – kommt da zu diametral entgegengesetzten Ergebnissen: Jesu „Heiltätigkeit ist für ihn nicht Nebenbeschäftigung; vielmehr nimmt sie einen großen Teil seiner Arbeit in Anspruch. Diesen Umstand tragen die synoptischen Evangelien dadurch Rechnung, dass sie etwa ein Drittel ihres Stoffes den Heilungsberichten widmen... Wir stehen also vor dem überwältigenden biblischen Befund, dass die Sendung des vorösterlichen Jesus ...unter einer ganzheitlichen, d. h. das Leiden des Leibes und der Seele gleichermaßen einbeziehenden Perspektive gestanden hat".

Heilsgeschichtliche Einordnung des Befreiungsdienstes

Die bisherigen Überlegungen haben aus ethno-soziologischer Sicht gezeigt, dass ein Nicht-Ernst-Nehmen der wirklichkeitsschaffenden Mächte traditionaler Religionen dem Synkretismus Vorschub leistet. Hier kann ein Rückgriff auf Gottes Wort helfen, eine biblisch begründete Orientierung zu gewinnen und Perspektiven für einen Befreiungsdienst abzustecken.

Die Bibel geht von zwei Wirklichkeitsbereichen, dem Sichtbaren und dem Unsichtbaren aus (2Kor 4,18; Hebr 11,3; Kol 1,15+16).[29] Während die sichtbare Welt die Welt ist, in der der Mensch lebt und die er durch seine Sinne erfassen kann, weiß er von der unsichtbaren Welt nur durch die Selbstmitteilung Gottes oder auch dadurch, dass sich Mächte und Gewalten aus dem Unsichtbaren durch göttliche oder dämonische Manifestationen in das Sichtbare mitteilen. Seit dem Sündenfall hat der natürliche Mensch nur noch die Erkenntnisfähigkeit für das Sichtbare (Röm 6,23). Das Unsichtbare durchdringt das Sichtbare in einer nicht wahrnehmbaren, dem natürlichen Verstand unbegreifbaren, nur im Glauben erfassbaren Weise. Obwohl diese zwei Wirklichkeiten radikal zu unterscheiden sind, bilden sie aber doch nur eine Gesamtwirklichkeit.

Gott hat in der unsichtbaren Welt vor dem Menschen Geistwesen mit Verstand und freiem Willen – Engel und himmlische Mächte – geschaffen (Kol 1,16; Eph 1,21).[30] Unter der Führung Luzifers revoltierte ein Teil der Engel gegen Gott und wurde aus Gottes Bereich verstoßen (Offb 12,7-9; Jes 14,12). Diese gefallenen Engel versuchen nun als Dämonen auf der Erde ihr destruktives und boshaftes Wirken fortzusetzen (Eph 6,12; 1Petr 5,8);[31] Satan ist ihr Anführer (Mk 3,22-26; Apg 26,18; Hebr 2,14). Die Dämonen werden als körper- und ruhelos (Mt 12,43+44), gewalttätig-bösartig (Lk 8,29), grausam (Lk 9,39) und mordlustig (Mk 9,22) beschrieben. Doch nicht nur diese Wesenheiten sind antigöttlich; vielmehr ist die ganze Welt vom Einfluss Satans durchdrungen (1Joh 5,19).

In diese Finsternis ist Jesus Christus hineingekommen und hat die Macht Satans und seiner Dämonen über die Welt und die Menschen gebrochen (1Joh 3,8). Jesus ist der Stärkere, der den Starken überwindet (Lk 11,20-22). Er hat am Kreuz die Macht aller widergöttlichen Mächte der Finsternis besiegt (Kol 2,14-15). In diesen heilsgeschichtlichen Wendepunkt sind auch die Christen hineingestellt: Sie nehmen an Jesu Sieg teil (1Kor 15,57). Sie sind dazu bestimmt, als seine Gemeinde diesen Sieg in der Welt abzubilden (Eph 3,10), bis der wiederkommende Herr den satanischen und dämonischen Kräften das endgültige Ende bereitet (1Kor 15,24-28).

Hier wird deutlich, dass die Christen durch Jesu Kommen nicht primär in eine neue Zeit versetzt werden, sondern dass sie in einen neuen Herrschaftsbereich gelangen! Die alte satanisch-dämonische Weltwirklichkeit (civitas diaboli) ist zwar noch nicht endgültig vorbei, aber die neue Wirklichkeit des Reiches Gottes (civitas dei) bricht herein und verschafft sich auf geistliche Weise Durchsetzung und Geltung.

Diese hier beschriebene Auffassung ist nun nicht ein Kennzeichen eines besonders „kampfeswütigen Befreiungsdienstes". Vielmehr wird jeder, der die Heilsgeschichte ernst nimmt, die Gegenwart als geistlichen Kampf deuten müssen: „Die universale Durchsetzung der Gottesherrschaft, die das eigentliche Thema der biblischen Heilsgeschichte bildet, (trägt) den Charakter eines *Kampfgeschehens*".[32] Entscheidend ist, dass diese kosmische Auseinandersetzung aber immer konsequent vom Sieg auf Golgatha und der noch ausstehenden siegreichen Wiederkunft gesehen und gelebt wird.[33] Im Kampf wird nicht entschieden, wer siegt – dies ist schon geklärt. Vielmehr wird in der Auseinandersetzung deutlich, wer gesiegt hat.[34]

Wird nicht von diesem Sieg her gelebt, sind Fehlhaltungen unausweichlich: „Es ist bedrückend zu sehen, wie wenig diese von Jesus selbst geschenkte Souveränität gegenüber den Mächten der Finsternis gerade bei ernsthaften Christen angenommen und gelebt wird... Während bei Jesus der Einbruch der Endzeit gerade in der *Entmachtung* des Satans besteht und so die Endzeit zur *Freudenzeit* wird, findet man unter solchen Christen genau die entgegengesetzte Behauptung: dass der Satan eher immer noch mächtiger werde und die Endzeit in einem gespenstischen Dunkel komme."[35] Auch wenn sich das Satanische intensivieren wird (Offb 12,12), so muss festgehalten werden, dass sich gleichzeitig das Göttliche um so kraftvoller und herrlicher erweisen wird. Denn der Herr der Weltgeschichte wird immer – bis an der Welt Ende – im Schwachen mächtig sein (2Kor 12,9 und Mk 28,20) – zu seiner Ehre.

Zusammenfassend kann also gesagt werden, dass der Befreiungsdienst heilsgeschichtlich gesehen im Sieg Jesu begründet ist. Jesus selbst deutet sein Austreiben der bösen Geister als ein Zeichen des Sieges und Anbruchs der Herrschaft Gottes (Mt 12,28) und beauftragt auch alle seine Jünger dazu (Mt 10,7-8; Lk 10,17-19). Dementsprechend ist es nur konsequent, dass auch der Missionsbefehl nach Markus Dämonenaustreibungen als ein nachfolgendes Zeichen der Mission nennt! (Mk 16,17).

Zur passenden Wortwahl im Befreiungsdienst

Im Befreiungsdienst wird aufgrund der Sieges Jesu der in okkulte, dämonische Bindungen verstrickte Mensch von diesen freigebetet. Dieser Dienst wird auch – insbesondere in der katholischen und den orthodoxen Kirchen – Exorzismus genannt. Auch wenn dieser Begriff inhaltlich mit dem Befreiungskonzept weitestgehend übereinstimmt, sollte zu bedenken gegeben werden, dass man sich gerade in diesem Aufgabenfeld verstärkt um Begrifflichkeiten bemühen sollte, die alle altertümlichen, märchenhaften und exotischen Konnotationen meiden. Des weiteren ist auch der Unterschied zwischen „okkult" und „dämonisch" vernachlässigenswert. Unter Okkultismus kann man „den Glauben an die Mächte der Finsternis, die zum Reich des Teufels gehören und die hinter den verschiedensten Formen von Magie, Geister- und Aberglauben stehen"[36], verstehen. Diese Begrifflichkeit bietet sich insbesondere an, um ein gedankliches, systematisches Denkkonzept als eine Lehre vom Satanischen und dessen Überwindung zu entwickeln.[37] Geht es aber mehr um eine funktionale Darlegung der Befreiungspraxis, nämlich das Binden und Austreiben von Dämonen, so findet eher das Wort „Dämonie" Verwendung.[38] Die Begriffe „Dämonen" und „Geister" werden in der Bibel synonym verwendet.

Bedeutsam hingegen ist die genauere Bestimmung des Begriffs „Bindung". Die ältere Literatur beschrieb den Sachverhalt, dass Dämonen auf den Personenkern eines Menschen einwirken, als Besessenheit. Man folgte hier einer nicht präzisen Übersetzung des Urtextes.[39] Es ist von daher angepasster davon zu sprechen, dass eine Person dämonisiert ist, oder dämonischem Einfluss unterliegt. Auch im seelsorgerlichen Umgang macht es einen entscheidenden Unterschied, ob eine eventuelle dämonische Beeinflussung erwogen, oder gleich teuflische Besessenheit postuliert wird. Manche Autoren weisen darauf hin, dass es unterschiedliche Grade von dämonischer Beeinflussung gibt und geben Hinweise, wie sie zu unterscheiden sind.[40]

Die Formen des Befreiungsdienstes sind vielfältig. Zum einen gibt es verschiedenste Angebote für Menschen, deren Gemeinden den Befreiungsdienst nicht kennen. Graham Powell vertritt den Standpunkt, dass der einzelne sich selbst von dämonischen Bindungen freibeten sollte.[41] Dort, wo der Betroffene sich jedoch zu unsicher fühlt oder intensivere Bindungen vorliegen, kann man auch zu einem dafür bekannten Seelsorger gehen. Diese überörtliche Individualseelsorge war beispielsweise in Europa lange Zeit der typische Ansatz. In Regionen, wo jedoch sehr viele Menschen Befreiung wünschen, gibt es auch „Befreiungsevangelisationen", bei denen der einzelne Evangelist gleichzeitig für alle Anwesenden betet, oder Gebetsteams, die nach der Predigt den um Seelsorge Bittenden freibeten. In den sogenannten „Befreiungscamps" kann mit ihren vielen vollzeitlichen Seelsorgern und Ehrenamtlichen Zehntausenden von Seelsorgesuchenden das ganze Jahr hindurch geholfen werden. Jedoch ist in den letzten zehn Jahren die Erkenntnis gewachsen, dass es sich bei diesem Dienst auch um einen Dienst der Gemeinde handelt. Dementsprechend werden in Gemeinden, die dieses Problem sehen, Befreiungsteams gebildet. Die Verankerung in der Gemeinde hat insbesondere den Vorteil, dass nicht nur Bindungen mit der Welt des Dämonischen gebrochen werden, sondern die Betroffenen durch den Gemeindekontakt konkret einüben können, mit Gottes Kraft in einer neuen Gemeinschaft geheiligt zu leben.

Wie entstehen okkulte Bindungen?

Wer kann nun von dämonischen Einwirkungen betroffen sein? Dass ein Nichtchrist dämonischen Einwirkungen schutzlos ausgesetzt ist, dürfte unmittelbar einleuchten. Doch wie steht es mit Christen? Der langjährige Leiter der Bibelschule Beatenberg, Peter Mayer, schreibt: „Lange Zeit folgten auch wir der landläufigen ... Meinung, dass Bekehrung und Wiedergeburt die Macht von Bindungen der Finsternis sozusagen automatisch und pauschal brechen. Einige schwere Erfahrungen ... ließen uns indes sehen, dass wir uns von unbiblischen Vorstellungen auf diesem Gebiet lösen mussten"[42] Und auch Scheunemann zeigt unter Heranziehung von Apostelgeschichte 19,18-20[43], dass die Bibel Befreiung von okkulten Bindungen nach der Bekehrung kennt. Zwar wird in der Bekehrung dem Menschen das vollkommene Heil zugesprochen. Aber seine Leiden, die aus der Vergangenheit rühren – seien es körperliche Krankheiten, seelische Verletzungen oder dämonische Bindungen, sind damit nicht automatisch verschwunden. Hier bedarf es weiterer Seelsorge.[44]

Warum auch Christen dämonisch beeinflusst werden können, erklärt sich auch aus der Art und Weise, wie Abhängigkeiten entstehen. So wird zunächst einmal der geistliche Abwehrmechanismus des Menschen entweder durch bewusst begangene Sünde oder unbewusst durch tiefe innere Verletzungen geschwächt. Die Dämonen benutzen dann diese Sünden oder Verletzungen, um Einfluss zu gewinnen. Sie verleiten den Menschen, mehr zu sündigen, so dass die ursprüngliche Sünde eine Intensivierung erfährt oder sich in andere Bereiche verlagert. Aus einem gelegentlichen emotionalen Sich-Gehen-Lassen bei Stress, das nicht vor Gott bereinigt wird, können über die Zeit unkontrollierbare Wutausbrüche werden. Im Falle von inneren Verletzungen arbeiten die Dämonen darauf hin, dass das erfahrene Leid in Hass, Abscheu oder tief sitzende Bitterkeit umschlägt und sich so verfestigt, dass die betroffene Person gar keine andere Wahl hat, als hassen zu müssen. Jedoch ist diese Entwicklung nicht zwangsläufig so, sie setzt nur dann ein, wenn Dämonen die Sünden für ihre Zwecke benutzen.

Umgekehrt sollte aber aus einem Charakterfehler oder einer menschlichen Schwäche nicht sofort und pauschal auf dämonische Beeinflussung geschlossen werden. Dämonie wird als eine Art „Fremdkörpergefühl" erlebt. Der Mensch merkt, dass nicht er selbst das Wort spricht oder die Tat auslöst. Es ist „irgend etwas" in ihm, ein Impuls, den er nicht beherrschen kann. In diesem Sinne muss der Betroffene sündigen. Anders der Christ, der nicht bereit ist, einen geistlichen Kampf gegen die Sünden des Alltags zu führen. Er hat sich entschieden, nicht zu kämpfen. Sünde ist die Folge einer eigenen, personalen Entscheidung. In der Seelsorge muss gerade in traditionalen Kulturen auf diesen Unterschied geachtet werden. Da das Erleben und der Umgang mit Dämonen und Geistern hier durchaus üblich sind, finden Christen es durchaus manchmal angenehmer, dass etwa der angebliche Lügengeist ausgetrieben wird, anstatt selbstverantwortlich in der Disziplinierung der Zunge zu wachsen! Wo keine Dämonen sind, dürfen auch keine ausgetrieben werden. Befreiungsgebete sind kein schneller Ersatz für die Entwicklung einer geistlich fundierten Lebenspraxis.[45] Ebenso muss abgeprüft werden, inwieweit nervenärztliche oder psychotherapeutische ärztliche Hilfe angesagt ist. Hier bedarf es der Geistesgabe der Unterscheidung und – wo immer möglich – auch der Zusammenarbeit mit medizinischem Fachpersonal.

Versucht man zu systematisieren, wie Dämonen Zugang zum Menschen gewinnen, so können vier grundsätzliche Ansatzpunkte unterschieden werden[46]:

• Familienvorgeschichte

Wenn die Bibel berichtet, dass bestimmte Sünden auf die kommenden Generationen übergehen, dann wird damit die Wirksamkeit dämonischer Kräfte in Abhängigkeit von einer Anfangsverfehlung der Eltern beschrieben. Der Betroffene leidet unter den Auswirkungen der elterlichen Sünde, ist jedoch selbst für deren Sünde nicht verantwortlich. Hier muss lediglich die Zerstörungslinie über die Generationen hinweg unterbrochen werden.

● **Traumatische biografische Erlebnisse**

Durch Einwirkung anderer Menschen – destruktive Erziehung, Kriegshandlungen, Gewaltverbrechen, Vergewaltigungen – wird der Betroffene seelisch tief verletzt. Die seelische Schutzschicht ist nachhaltig zerstört. Die Dämonen können diese seelische Störung gezielt intensivieren und chronifizieren, so dass die Zeit die Wunden nicht heilt. Die Praxis zeigt, dass es hier nur einen Ausweg gibt: Der Betroffene muss sich dazu entscheiden, den Menschen, die diese Wunden mit ihrem oft perversen Verhalten verursacht haben, mit Gottes Hilfe zu vergeben. Diese Vergebung wird dann den Weg zum Brechen der bösen Mächte öffnen.

● **Unbereinigtes Leben**

Wo Christen sündigen und bewusst mit diesen „kleinen" Sünden weiterleben, ohne sie vor Gott zu bereinigen, besteht die permanente Angriffsgefahr dämonischer Kräfte. Die Zerstörungsweise ist der bei erlebtem Trauma ähnlich. Dämonische Kräfte steigern die Sünden, bis sie fest verankerte Verhaltenssünden werden. Die Trennung von der Dämonie habitueller Sündenmuster setzt ein klares Schuldbekenntnis voraus.

● **Beteiligung an okkulten Praktiken**

Die Beschäftigung mit Okkultem ist in der Bibel verboten und stellt eine direkte Kontaktaufnahme zur Welt des Dämonischen dar. Die Kräfte, deren Hilfe man sucht, haben nun direkten Zugang zu dem, der sie ruft, selbst dann, wenn es unwissentlich geschah. Auch hier muss vor der Lossage ein umfassendes Schuldbekenntnis erfolgen.

Das System okkulter Kräfte

Traditionale Religionen haben ein umfangreiches System entwickelt, wie man sich religiös-okkulte Kräfte aneignen und sie für eigene Zwecke aktivieren kann. Es gibt kaum einen Lebensbereich, in dem die traditionalen Religionen nicht okkulte Hilfe anbieten. Für alle Lebenslagen wird das Passende versprochen: Gesundheit für den Kranken, Erfolg für den Benachteiligten, Schutz für den Besorgten, Ehepartner für den Suchenden und Kraft für den Hilflosen. Okkultismus kann einem weit ausgespannten Netz verglichen werden: Wer in einer Notlage ein wenig empfänglich ist, muss sich zwangsläufig in einem der Hilfsangebote verstricken. Es können im wesentlichen drei Wirkungsweisen des Okkulten festgestellt werden.

- **Okkulte Praktiken, die die Lebensumstände beeinflussen**

Die Magie ist ein Mittel, um die Wesenheiten der dämonischen Welt zum eigenen Vorteil oder zum Schaden anderer zu bewegen. Dadurch, dass man bestimmte Riten, Herstellungsprozeduren, magische Formeln oder Opfer gemäß der überlieferten und oft geheimen Tradition in der Abfolge der Worte und Handlungen richtig befolgt, führt man zwangsläufig den gewünschten Erfolg herbei. Die Ethnologie unterscheidet zwischen schwarzer (schädigender) und weißer („helfender") Magie.

Bei der Verwendung von Talismanen und Amuletten gehen die Benutzer davon aus, dass diesen Gegenständen eine bestimmte Macht innewohnt, die es zu nutzen gilt. Aufgrund von Beobachtungen, Kauf von einem Zauberer oder der Weitergabe über die Generationen hinweg glaubt man, dass in bestimmten Steinen oder Stoffen besondere Kraft ist. Während Amulette primär der Schadensabwehr dienen, soll der Talisman Gutes bewirken. Der Fetisch kann beidem dienen. Das Besondere an ihm ist, dass seine Kraft durch Opfer aktiviert und gezielt gesteigert werden kann.

Doch Kraft wohnt nicht nur bestimmter Materie inne. Man kann sich auch – insbesondere in sehr kritischen Situationen – an religiöse Spezialisten wie etwa Zauberer und Hexer wenden. Trotz gewisser Unterschiede ist ihnen gemeinsam, dass sie übernatürliche Mittel zur Hilfe nehmen, um das Verhalten anderer Menschen zu steuern, sie zu schädigen oder auch um Umstände zu beeinflussen. Die wirkungsmächtigsten Flüche werden von ihnen verhängt. Will man gesund werden, bemüht man den traditionalen Heiler.

Als letzte Kraftquelle sind heilige Orte zu nennen. Ihr Besuch verspricht etwa Wohlstand, Sicherheit oder Heilung.

- **Okkulte Praktiken, um Botschaften zu empfangen**

Hier geht es darum, dass Menschen zur Gegenwartsbewältigung Kontakte zur Geisterwelt aufnehmen. Träume sind für den Anhänger eine der wichtigsten Quellen, um mit der Geisterwelt zu kommunizieren. Während in den Träumen der Träumende nicht nur Botschaften erhält, sondern auch selbst Botschaften an die unsichtbare Welt senden kann, können Visionen nur empfangen werden. Sie werden als Erkenntnisquelle, die außerhalb des Menschen liegt, gedeutet. Bei Träumen wird die Wissensquelle hingegen im Menschen lokalisiert. Sucht und führt der Mensch selbst Visionen herbei, spricht man von erzwungener Vision (visionquest). Nimmt man gezielt mit den Geistern Verstorbener Kontakt auf, spricht man von Spiritismus.

Beim Wahrsagen geht es darum, Naturerscheinungen, bestimmte Phänomene und Konstellationen zu deuten. Für den Anhänger traditionaler Religionen ist die Umwelt voll von Informationen der spirituellen Welt, die es zu entschlüsseln und nutzbar zu machen gilt.

- **Okkultes Wirken, das an geografische Plätze gebunden ist**

Bisher wurde gezeigt, dass okkultes Wirken in Verbindung zum Menschen, der diese Kräfte benutzen will, geschieht. Aber es gibt auch dämonische Wirkungen, die an Orte gebunden sind. Mit anderen Worten: Obwohl Menschen in ihrem Leben nicht mit den dämonischen Kräften verbunden sind, können sie gleichwohl ihr Wirken erfahren. Da gibt es Häuser, in denen unsichtbare Kräfte an den Ohren der Bewohner ziehen, Grundstücke, auf denen sich immer wieder Geistgestalten zeigen, oder Plätze, an denen Menschen vermehrt dämonische Bindungen aufbauen.[47]

„Es gibt in der Missionsgeschichte nicht wenige, welche die Begegnung mit den satanischen Mächten bezeugen, die über Dörfer, Gebiete, Stämme und Inseln herrschen".[48] In diesem Fall werden nicht die Dämonen in einem Menschen gebunden und ausgetrieben, sondern die Dämonen, die sich an bestimmten Orten zeigen. Von diesem Befreiungsdienst, der sich gegen lokale Manifestationen richtet, muss – wie etwa die Kontroverse Wagner[49] – Kopfermann[50] deutlich macht – das Konzept der „Territorialen Kampfführung" unterschieden werden.

Vier Schritte der Befreiung aus okkulten Bindungen

Aufgrund des bisher Gesagten wird deutlich, dass Dämonen nicht durch mehr ethisch-moralische Disziplin des Betroffenen überwunden werden können. Denn es ist ja gerade das Kennzeichen des Dämonischen, dass Zwänge ausgeübt werden und somit die Willensfreiheit der Person beschränkt wird. Die seelsorgerliche Aufforderung, nicht mehr zu sündigen, setzt in diesem Fall den Betroffenen nur noch mehr unter Druck. Dämonen kann man nicht „herausseelsorgern".[51] Im Gegenteil: Es wird gemäß der Erfahrung des Nervenarztes und Psychotherapeuten Scharrer nur noch schlimmer: „Während bei krankhaften Störungen oder einfacheren Symptomkonstellationen die therapeutische Beziehung in der Regel nach einer gewissen Zeit zu Erfolgen führt, ... ist bei dämonischen Belastungen genau das Umgekehrte der Fall. Die Intensität der therapeutischen Zweierbeziehung, das Arbeiten an der Geschichte verstärkt die Symptomatik".[52]

Ähnlich ist es mit Predigten: Der Betroffene hört die befreiende Botschaft, aber er kann sich nicht ändern. Hier hilft allein das Befreiungsgebet. Im Folgenden werden einige wichtige Punkte zur Sprache gebracht, die bei der seelsorgerlichen Begegnung wichtig sind.

• Heilungsschritt 1: Geistliche Zurüstung und Vorbereitung

Die immer wieder auftauchende Frage, ob bestimmte Geistesgaben (Gabe der Geisterunterscheidung; Wort der Erkenntnis) Voraussetzung zum Dienst sind, wird kontrovers beantwortet. So halten etwa Mayer[53] und Anderson[54] keine spezifischen Geistesgaben für nötig, Prince[55] hingegen meint, dass sie zwingend erforderlich seien. Dieser scheinbare Widerspruch löst sich teilweise auf, wenn gesehen wird, dass in der Tat jedem Christen die Autorität gegeben ist, gegen das Dämonische siegen zu können.

In diesem Sinne bedarf es keiner besonderen Gaben. Aber erfahrungsgemäß gibt Gott einzelnen Mitgliedern des Befreiungsteams die notwendigen Gaben, damit der Dienst einfacher und effektiver ausgeführt werden kann. Zudem darf die Frage nach den Geistesgaben nicht statisch gesehen werden. Mit dem Hineingestelltwerden in diesen Dienst bilden sich die Gaben erst teilweise heraus und der Einzelne lernt, im Umgang mit ihnen zu wachsen. Entscheidend in jedem Fall ist, dass sich die Beter immer einzig und allein von Gott abhängig sehen und seine Führung im Gebet erwarten. In diesem Sinne ist ein gesundes Glaubensleben unabdingbar. Dass vor einem Gebetstreffen alle Beter ihr Leben bereinigt haben müssen, versteht sich von selbst.

• Heilungsschritt 2: Diagnose der Bindungen

Nach dem einleitenden Gebet, Liedern und dem Proklamieren der Herrschaft Gottes kommt das Leben des Seelsorgesuchenden zur Sprache. Alle Sünden, inneren Verletzungen und Bindungen müssen aufgedeckt und bekannt werden. Manche Gruppen benutzen zur Diagnose einen vorformulierten Fragebogen. Das hat den Vorteil, dass der Hilfesuchende sich schon vor dem Gespräch Gedanken machen kann und im Gespräch nicht wichtige dämonische Quellen „übersehen" werden. Wobei natürlich zu sagen ist: Entscheidend ist das Gebet und nicht irgendeine ausgefeilte Methode.

• Heilungsschritt 3: Befreiungsgebet

Im Gebetsteil ist es zuerst einmal wichtig, dass der Seelsorgesuchende selbst alle Sünden bekennt und um Vergebung bittet. Bei einem Nichtchristen muss zuvor eine Lebensübergabe erfolgt sein. Dann werden in Jesu Namen die Mächte gebunden und aus dem Leben des Beeinflussten „hinausgeworfen". Gewöhnlich spricht der Seelsorger die Sätze vor.

Es kommt auch vor, dass abschließend der Seelsorger noch einmal die Mächte bindet und austreibt. Von entscheidender Wichtigkeit ist, dass das bindende und austreibende Gebet in Glaubensfestigkeit gesprochen wird. Es ist keine an Jesus gerichtete Fürbitte, sondern ein in seinem Namen gegen die Dämonen gerichtetes, befehlendes Gebet. Bis auf wenige Ausnahmen ist man sich einig, dass – etwa im Gegensatz zur Krankenheilung – bei diesem Gebet von Handauflegung abzuraten ist, da manchmal die dämonischen Kräfte durch bestimmte Körperteile des Menschen ausfahren und so auf den Beter „überspringen" können. Kommt es zur Konfrontation mit den Dämonen, weichen manche sofort, andere leisten Widerstand.

Es kann dabei zu körperlich-dämonischen Reaktionen kommen, wie Schreien, sich auf der Erde wälzen oder Grimassen schneiden. Die Dauer des Gebetskampfes schwankt zwischen wenigen Sekunden, einigen Minuten und ein paar Stunden.[56] Insbesondere dort, wo mehrere Gebetstreffen stattfinden müssen, sollten sie durch Beten und Fasten vorbereitet werden. Der „Erfolg" des Gebetskampfes ist nicht immer klar festzustellen. Nicht selten zeigen körperliche Reaktionen ein Ausfahren der Dämonen an (Gefühl, das etwas den Körper verlassen hat oder Brechreiz); aber das besagt nicht, dass alle Dämonen den Menschen verlassen haben. Doch oft weiß der Beter oder der Befreite aufgrund innerer Ruhe, dass der Kampf siegreich bestanden ist. Ein untrügliches Zeichen ist aber der neue Lebenswandel, der nach dem Befreiungsgebet einsetzt oder das Verschwinden von Leidenssymptomen, die durch Bindungen verursacht worden waren.

- **Heilungsschritt 4: Abschluss**

Abschließend betet der Seelsorger für den Befreiten und bittet den Heiliger Geist, das auszufüllen, was vorher durch die dämonischen Kräfte besetzt war. Der Seelsorgesuchende selbst dankt Gott für die erfahrene Befreiung. In den nachträglichen Anweisungen wird noch einmal erklärt, dass und wie der Einzelne auch weiterhin selbst dämonischen Bedrohungen widerstehen kann, welche Rolle persönliche Heilung spielt und warum eine Gemeindeeinbindung wichtig ist.

Offene missiologische Fragen

Wie schon festgestellt wurde, fokussiert der Anhänger einer traditionalen Religion alles um die Kraftfrage. Wird er nun durch den Befreiungsdienst von seiner dämonischen Kraftquelle „abgeschnitten", fragt er sich, woher er in seiner neuen Identität als Christ nun die notwendige Kraft erhält. Die zentrale Frage ist: Wie führt man ein Leben als Christ, wenn man sein Vertrauen nicht mehr auf die Macht, Kraft und den Einfluss der Ahnen setzen will.[57] Ohne einen „funktionalen Ersatz"[58] fallen die Christen aufgrund des geistlichen Vakuums wieder in den Okkultismus zurück.

Neben dogmatischen Gründen, die an der Trinitätslehre festzumachen sind, sprechen also auch ethnologische Erwägungen für eine gesunde Lehre über den Heiligen Geist. Kein Kraft suchender Mensch kann geistlich gesehen nur von der Negation des Bösen, der Negation magischer Kräfte leben; er bedarf einer positiven Glaubenserfahrung, nämlich der Erfahrung der Kraft Gottes. An Stelle der Erfahrung der Macht der Geister muss nun die Erfahrung der Kraft des Heiligen Geistes treten. Ausgehend von dieser Erfahrung werden sich ihm dann alle biblischen Aspekt des Heiligen Geistes eröffnen, insbesondere auch dessen transzendierende Personalität und nicht manipulierbare Autorität.

Leider haben die Missionare, aus deren Bemühungen die traditionellen Missionskirchen hervorgegangen sind, dem Bedarf nach Lehre über den Heiligen Geist und Anleitung zum Leben mit ihm so gut wie keine Rechnung getragen.[59] Aber auch die charismatisch-pfingstlichen Kirchen haben hier Defizite: Zwar haben sie eine stark ausgeprägte Pneuma*praxis,* doch eine sie steuernde und eventuell korrigierende Pneumato*logie* ist – überraschenderweise – nur rudimentär vorhanden.[60] Die dringend gebotene theologische Bearbeitung des Themenkomplexes, wie sich der Heilige Geist zur Geisterwelt verhält, steht noch am Anfang.[61]

Jesus ist Sieger

Die Realität des Okkulten und das Wirken dämonischer Kräfte stellen für die Mission und die Missionskirchen eine Herausforderung dar, auf die es eine Antwort zu geben gilt. Jesus Christus hat selbst seiner Gemeinde den Auftrag gegeben, in seiner Autorität und gemäß seiner Verheißung dämonisch Beeinflusste zu befreien und sie in die geistliche Freiheit zu führen. Hier setzt der Befreiungsdienst an und bietet geistliche Leitlinien sowie praxisrelevante Hilfestellungen an. Deshalb muss dieser Dienst fester Bestandteil des Gemeindedienstes in Deutschland und aller missionarischen Arbeit in der Dritten Welt sein. Wenn wir mit dieser Dimension des christlichen Glaubens ernst machen, werden wir beim Beten die Erfahrung machen, die schon Johann Christoph Blumhardt vor mehr als 150 Jahren bei seinem Befreiungsdienst in Württemberg gemacht hat: „Jesus ist Sieger"![62]

---

[1] Der Artikel erschien unter „Befreiungsdienst in der Mission. Notwendigkeit, biblischer Kontext und Praxis" *Evangelikale Missiologie* 17 (2001) 4:134-147.
[2] Scheunemann, Detmar. *Wo Gottes Feuer brennt. Elemente der Erweckung,* Wuppertal: Brockhaus, 1999. S. 105.
[3] Johnstone, Patrick. *Gebet für die Welt. Handbuch für Weltmission,* Neuhausen-Stuttgart: Hänssler, 1994. S. 49.
[4] Gumede zitiert in: Grundmann Christoffer H.. Leibhaftigkeit des Heils. Ein missionstheologischer Diskurs über das Heilen in den zionistischen Kirchen im südlichen Afrika. Hamburg: LIT, 1997, S. 56.

[5] Eisenhuth, Christine. „Zwischen Tod und Auferstehung" *Frauenleben* 4 (1999) 1: 8-12 [12].

[6] Volkhard und Gerlinde Scheunemann zitiert in: Köhler, Lienhard. *Der Befreiungsdienst.* Waging am See: Selbstverlag, 1989, S. 26.

[7] Käser, Lothar. *Fremde Kulturen. Eine Einführung in die Ethnologie für Entwicklungshelfer und kirchliche Mitarbeiter in Übersee.* Erlangen: Verlag der Evangelisch-Lutherischen Mission, S. 232.

[8] Adeyemo, Tokunboh. *Salvation in African Tradition.* Nairobi: Evangel Publishing House, 1979, S. 93.

[9] Diese Lehre wird sich stark auf das Alte Testament stützen müssen; s.a. Müller, Klaus W.. „Das Alte Testament als Rahmenbedingung für die Verkündigung des Evangeliums". *Evangelikale Missiologie* 14 (1998) 4: 127-133. Nicht umsonst werden Bibelkurse, die in der biblischen Reihenfolge vorgehen, in der Missionspraxis immer beliebter.

[10] Grundlegend zum Verständnis von Scham- und Schuldbewusstsein in der Mission: Müller, Klaus W.. „Elenktik: Gewissen im Kontext", S. 182-214, in: Thomas Schirrmacher und Klaus W. Müller (Hg.). *Scham- und Schuldorientierung in der Diskussion: Kulturanthropologische, missiologische und theologische Einsichten.* Nürnberg: VTR / Bonn: VKW, 2006.

[11] Zöllner, Siegfried. „Irian Jaya: Die Konflikte spitzen sich zu", S. 55-63, in: Verband evangelischer Missionskonferenzen (Hg.). *Jahrbuch Mission 1994.* Hamburg: Missionshilfe-Verlag, 1994, S. 61.

[12] Scheunemann, Detmar. „Begegnung mit okkulten Mächten im Missionsdienst", S. 54-71, in: Müller, Klaus W.. (Hg.). *Mission als Kampf mit den Mächten. Zum missiologischen Konzept des „Power Encounter".* Referate der Jahrestagung 1993 des Arbeitskreises für evangelikale Missiologie. Nürnberg: VTR / Bonn: VKW, ³2003, S. 54.

[13] Kraft, Charles H. *Abschied vom aufgeklärten Christentum. Von der Natürlichkeit des Übernatürlichen.* Lörrach: Simson-Verlag, 1991.

[14] Lewis, Clive Staples. *Dienstanweisung für einen Unterteufel.* Freiburg: Herder, 1987, S. 7.

[15] Beyerhaus, Peter. *Er sandte sein Wort. Theologie der christlichen Mission.* Bd.1: Die Bibel in der Mission. Wuppertal: Brockhaus, 1996, S. 689.

[16] Sanders, Oswald. *Wirksames Gebet.* Gießen: Brunnen, 1964, S. 8f.

[17] Mbiti, John S.. „Theological Impotence and the Universality of the Church." *Lutheran World* 21 (1974) 3: 251-260.

[18] Veller, Reinhard. „Zeichen und Wunder – die charismatische Bewegung erfasst die evangelischen Kirchen Ostafrikas", S. 60-73, in: Evangelisches Missionswerk (Hg.). *Fundamentalismus in Afrika und Amerika. Historische Wurzeln – Erfahrungen – Problemanzeigen.* Hamburg: Evangelisches Missionswerk, 1993, S. 66.

[19] Johnstone. Gebet für die Welt. S. 133.

[20] Bially, Gerhard. „Erweckung in Argentinien". *Charisma* (Deutschland) 20 (1994) 2: 16-17 [17].

[21] Johnstone. Gebet für die Welt. S. 190; s.a. Buchan, Alex. „Signs and Wonders in China". *Charisma* (USA) (1998) 1: 38-42 [38]; s.a. den Bericht über die Befreiung der Lisu, einem Bergvolk in Südchina, von dämonischen Bindungen: Lorch, Johanna. *Betern öffnet sich die Tür.* Gießen: Brunnen, 1999.

[22] Veller. Zeichen und Wunder. S. 60-73.

[23] Tari, Mel. *Wie ein Sturmwind.* Pirmasens: Eigenverlag, o.J.; Crawford, Don. *Es geschah in Indonesien. Auf den Spuren einer Erweckung.* Schorndorf: Verlag Johannes Fix, 1976.

[24] Für den deutschen Kontext ist die Erweckung ab 1844 in Möttlingen lehrreich, die mit dem Wirken Blumhardts verbunden ist. Die strukturellen Ähnlichkeiten mit heutigen Erweckungen der Dritten Welt sind erstaunlich. Vgl. Zündel, Friedrich. *Johann Christoph Blumhardt*. Basel: Brunnen, 1979.

[25] Scheunemann. Wo Gottes Feuer brennt. S. 28.

[26] Yung, Hwa. „Critical Issues Facing Theological Education in Asia". *Transformation* 12 (1995) 4:1-5 [2].

[27] Wimber, John. *Heilung in der Kraft des Geistes*. Hochheim: Projektion J, 1987. S24f.

[28] Beyerhaus. Er sandte sein Wort. S. 555f.

[29] Rohrbach, Hans. *Unsichtbare Mächte und die Macht Jesu*. Wuppertal: Brockhaus, 1986, S. 36-41; zur Diskussion „naturwissenschaftliches versus biblisches Weltbild" sei auf die einschlägige Literatur von Rohrbach, Staudinger und Heim hingewiesen.

[30] Knoch, Otto Bernhard. „Biblische und theologische Überlegungen in der katholischen Kirche", S. 70-74, in: Geistliche Gemeinde-Erneuerung (Hg.). *Befreiungsdienst*. Hamburg: Selbstverlag, 1992. S. 77.

[31] Zur theologischen Bewältigung des Bösen: Michel, Otto und Agnes Fischer. *Gestaltwandel des Bösen*. Wuppertal: Brockhaus, 1975.

[32] Beyerhaus. Er sandte sein Wort. S. 368.

[33] Anzumerken ist, dass der hier herausgearbeitete antagonistische Aspekt der Heilsgeschichte nicht auf einen vereinfachenden Dualismus reduziert werden darf.

[34] Gegen einen sich christlich gebenden Triumphalismus, der bis zum heutigen Tag die Missionsgeschichte belastet, ist aber zu sagen, dass das Martyrium der Gemeinde ein wesentlicher und unablösbarer Bestandteil ihrer Sendung ist.

[35] Vorländer, Wolfgang. *Gelebte Hoffnung. Perspektiven eines messianischen Lebensstils*. Neukirchen-Vluyn: Aussaat- und Schriftenmissionsverlag, 1988, S. 39.

[36] Scheunemann. Begegnung mit okkulten Mächten. S. 45.

[37] Siehe etwa: Dam, Willem Van. *Okkultismus und christlicher Glaube*. Schorndorf: Verlag J. Fix, 1978.

[38] Siehe etwa: Prince, Derek. *Sie werden Dämonen austreiben*. Charlott: Derek Prince Ministries International, 1998.

[39] Prince. Sie werden Dämonen austreiben. S. 12-16.

[40] Margies, Wolfhard. *Befreiung*. Berlin: Aufbruch Verlag, 1988. S. 22-23.

[41] Powell, Graham. *Christian Set Yourself Free*. Chichester: New Wine Press, 1986.

[42] Mayer, Peter. *... dass sie los sein sollen*. Beatenberg: Verlag Bibelschule Beatenberg, 1982, S. 7.

[43] Scheunemann. Begegnung mit okkulten Mächten. S. 59.

[44] Westmeier, Arline. *Die verletzte Seele heilen – Gesundung durch Seelsorge*. Wuppertal: Blaukreuz-Verlag, 1996, S. 19 und 98.

[45] Daher legen viele Autoren sehr starken Wert auf persönliche Heiligung. Vgl. etwa Bubeck, Mark I.. *The Adversary. The Christian versus Demonic Activity*. Chicago: Moody Press, 1994.

[46] Margies. Befreiung. S. 43-52 und S. 111-113.

[47] Newsletter from the IrJa Trust, (1998) 12:4.

[48] Scheunemann. Begegnung mit okkulten Mächten. S. 53.

[49] Wagner, C. Peter. *Territoriale Mächte.* Solingen: Bernhard Verlag, 1991.

[50] Kopfermann, Wolfram. *Macht ohne Auftrag. Warum ich mich nicht an der „geistlichen Kriegführung" beteilige.* Emmelsbüll: C&P Verlag, 1994; Kopfermann, Wolfram. „Geistliche Kampfführung – aber wie? Ein Beitrag zum Gespräch unter Freunden." *Aufbrüche* (1996) 2:9-12.

[51] Chavda, Mahesh. „Nine Principles for Healing and Deliverance Ministry." *Spread The Fire.* (1997) 2: 10-13 [13].

[52] Scharrer, Erwin. „Krankheit und Dämonen", S. 75-79, in: Geistliche Gemeinde-Erneuerung (Hg.). *Befreiungsdienst.* Hamburg: Selbstverlag, 1992, S. 77.

[53] Peter Mayer. ... dass sie los sein sollen. S. 51.

[54] Anderson, Neil T.. *The Bondage Breaker.* Eugene: Harvest House Publishers, 1990, S. 68-73.

[55] Prince, Derek. *Biblische Grundlagen für den Befreiungsdienst.* Solingen: Verlag Gottfried Bernard, o.J., S. 20.

[56] Dam, Willem Van. „Hilfe für okkult Belastete". *Der Auftrag* 26 (1988): 16-18 [18]; Dam, Willem Van. „Befreiung von okkulten Bindungen". *Der Auftrag* 21 (1986): 25-27 [27].

[57] Ahrens, Hanna. „Frauen in Papua-Neuguinea lesen die Bibel. Ein Praxisbericht", S. 27-38, in: Verband evangelischer Missionskonferenzen (Hg.). *Evangelische Mission 1985.* Hamburg: Missionshilfe-Verlag, 1985, S. 33.

[58] Alan R. Tippett hat dieses Konzept betont.

[59] Fiedler, Klaus. *Ganz auf Vertrauen. Geschichte und Kirchenverständnis der Glaubensmissionen.* Gießen: Brunnen, 1992, S. 441.

[60] Hollenweger, Walter J.. *Charismatisch-pfingstliches Christentum. Herkunft – Situation – ökumenische Chance.* Göttingen: Vandenhoeck und Ruprecht, 1997, S. 245.

[61] Renck, Günter. „Die Geister und der Geist. Pneumatologie – ein heißes Eisen in Papua-Neuguinea". *Zeitschrift für Mission* 24 (1998) 2: 72-85; Han, Sang-Chan. *Die Beziehung zwischen dem Schamanismus und dem Verständnis des Heiligen Geistes in der protestantischen Kirche in Korea.* Ammersbek: Verlag an der Lottebek Peter Jensen, 1991.

[62] Rudert, Erwin (Hg.) *Ich will von Blumhardt lernen, dass Jesus Sieger ist. Leben und Werk von Pfarrer Johann Christoph Blumhardt,* Metzingen: Ernst Franz Verlag, 1996.

Infos über Autoren

Dr. Andreas Kusch

Geboren 1959, Ausbildung zum Industriekaufmann, Studium der Agrarökonomie, wissenschaftlicher Mitarbeiter der Universität Hohenheim und Promotion in Agrarsoziologie. Von 1993-2000 ökumenischer Mitarbeiter der Vereinten Evangelischen Mission in Indonesien an einer kirchlichen Hochschule für Ökonomie. Zwei Jahre Referent für Mission der Studentenmission in Deutschland. Ausbildung zum Spiritual (ASP). Gegenwärtig Dozent an der Akademie für Weltmission für „Spiritualität" und „Transformative Entwicklungszusammenarbeit".

Dr. Jürgen Kuberski

Jahrgang 1961, ist verheiratet und hat zwei Kinder. Nach dem Theologiestudium an der STH Basel war er Jugendpastor der Freien evangelischen Gemeinde Bonn und arbeitete beim Aufbau einer Zweiggemeinde mit. 1993 promovierte er an der ETF Leuven (Belgien) mit einem missionswissenschaftlichen Thema (Dr. theol.). Von 1995 bis 2000 war er mit seiner Familie im Gemeindeaufbau mit der Allianz-Mission in Japan. Seit 2001 ist er Gemeindereferent der Evangelischen Brüdergemeinde Korntal und Dozent an der Akademie für Weltmission (Korntal).

Dr. Roland Scharfenberg

Dr. theol. Roland Scharfenberg promovierte in Löwen mit einer Arbeit über die Problematik der nicht geschehenen Heilung in systematisch theologischer Perspektive. Er arbeitete viele Jahre lang als theologischer Lehrer an Bibelseminaren in Peru, Deutschland und der Schweiz und am Theologischen Institut der Universität Mannheim. Er ist derzeit Vikar der badischen Landeskirche in Singen (Hohentwil). Er ist Mitglied im Arbeitskreis für evangelikale Theologie und engagiert sich in der Arbeit der Evangelischen Allianz.

Akademie für Weltmission (AWM)

Nachdem deutschsprachige Missionen sich zur „Arbeitsgemeinschaft evangelikaler Missionen" (AEM) zusammen geschlossen hatten, begannen sie 1978 ihr Ausbildungsprogramm für ihre Mitarbeiter. Mittelpunkt wurde die Ausbildung von Missionaren unterschiedlichster Missionswerke in der biblisch theologischen Begründung und Durchführung der Weltmission Gottes in unserer Zeit. Seit 2002 ist die Ausbildung der AEM in der Akademie für Weltmission Korntal gGmbH (AWM) eine rechtlich eigenständige Institution geworden.

TRAINING

Vom Anfang an entwickelte das damalige „Seminar für Missionarische Fortbildung" (SMF) berufsspezifische Weiterbildungsangebote für Missionare. In Seminarwochen (jeweils vier Tage) bzw. Wochenenden werden aktuelle Themen aufgegriffen, um den Horizont von Missionaren zu weiten. Ziel ist neben der fachlichen Erarbeitung des Themas immer die direkte Hilfestellung für Mitarbeiter, die in ihren Einsatzländern selten ein Fachgespräch über ihre Fragen führen können.

Thematisch geht es in den Angeboten um alle Fragen eines interkulturellen Mitarbeiters in seinen unterschiedlichen Aufgabenstellungen. Als Dozenten dienen Fachleute aus den Themengebieten, die ihren Studenten im begrenzten Rahmen über den Kurs hinaus als Ansprechpartner zur Verfügung stehen. In der Regel finden an der AWM bis zu vier Seminare zeitgleich statt, so dass ein aktiver Austausch aller Teilnehmer außerhalb der Unterrichtszeiten ermöglicht wird.

STUDIUM

In Kooperation mit **Columbia International University**, South Carolina, wird seit den 90er Jahren ein kompletter Master-of-Arts-Studiengang (MA) und ein Zertifikatsprogramm angeboten. Seit 2008 ist das Postgraduiertenstudium in Internationaler Theologischer Ausbildung (ITE) dazugekommen. In Zusammenarbeit mit dem US-Campus sind weitere Abschlüsse möglich.

Bei entsprechender Vorbildung kann der MA in ein bzw. in zwei Jahren Vollzeitstudium erreicht werden. Kurzsemester von sieben Wochen und Kompaktkurse ermöglichen eine äußerst flexible Studiengestaltung. Die Mehrzahl der Studierenden verteilen die Kurse auf mehrere Heimataufenthalte. Dies schafft die Möglichkeit, Erlebtes auf strukturierte Weise zu reflektieren, neue Impulse zu erhalten und Perspektiven für den nächsten Einsatz zu erarbeiten.

Praktische Erfahrungen von missionserfahrenen Dozenten und Studenten aus den unterschiedlichsten Gemeindehintergründen und Missionsländern fließen in den Unterricht ein und werden durch schriftliche Arbeiten reflektiert.

MEDIEN

Die AWM gibt den monatlich erscheinenden Newletter **PERSPEKTIVE** heraus, der aktuelle missiologische Informationen liefert.

In der **KORNTALER REIHE** veröffentlichen wir missionstheologische Fachbeiträge. Bisher sind erschienen:

Motivation der Generation X, Jürg Pfister, 2003, Korntaler Reihe Bd. 1,
VTR, Pb., 128 S., 12,80 €, ISBN 978-3-933372-64-2

Missionsgeschichte Deutschlands, Klaus Wetzel, 2005, Korntaler Reihe Bd. 2,
VTR, Pb, 125 S., 12,80 €, ISBN 978-3-937965-18-5

Die Beschneidung des Sundanesen, Friedemann Knödler, 2006, Korntaler Reihe Bd. 3,
VTR, Pb, 109 S., 11,80 €, ISBN 978-3-937965-52-9

Bevölkerungsentwicklung und Mission, Klaus Wetzel, 2006, Korntaler Reihe Bd. 4,
VTR, Pb, 252 S., 25,80 €, ISBN 978-3-937965-47-5

Transformierender Glaube, erneuerte Kultur, sozioökonomische Entwicklung,
Andreas Kusch (Hg.), 2009, Korntaler Reihe Bd. 5,
VTR, Pb, 383 S., 29,80 €, ISBN 978-3-937965-78-9

Heilung durch Gebet, Heilungsverständnis und Heilungspraxis im weltweiten Kontext,
Andreas Kusch, Jürgen Kuberski und Roland Scharfenberg, 2009, Korntaler Reihe Bd. 6,
VTR, Pb, 112 S., 11,80 €, ISBN 978-3-941750-13-5

KONTAKT

Akademie für Weltmission Korntal gGmbH

Hindenburgstr. 36
70825 Korntal-Münchingen
Deutschland
Telefon: ++49-711-83965-0
Fax: ++49-711-8380545
www.awm-korntal.de
awm@awm-korntal.de

Wenn Gott nicht heilt

von

Roland Scharfenberg

Theologische Schlaglichter auf ein seelsorgerliches Problem

Vorwort von Gerhard Maier

Nicht alle Kranken werden gesund, selbst wenn im Glauben für sie gebetet wird. In den Heilungsbewegungen betonen Gläubige die Gaben und den Auftrag der Heilung durch Gebet. Aber welche Argumente werden ins Feld geführt, wenn keine Heilung geschieht? Diese Arbeit trägt die verschiedenen Erklärungen zusammen. Dabei werden drei deutschsprachige Vertreter ausführlicher beschrieben: Wolfhard Margies, Wolfram Kopfermann und Wolfgang Bittner. Die gegebenen Argumente werden vor dem Hintergrund der Aussagen des Neuen Testaments kritisch geprüft. Dazu werden als theologische Brennpunkte fokussiert: der generelle Heilungswille Gottes, das Zueinanders von Krankheit und Leiden, von Heilung und Glaube, die Verknüpfung von Heilung mit dem Königreich Gottes und mit dem Heil, das Gott uns Menschen zueignen will. Zwei ausführliche Anhänge beschäftigen sich mit dem Krankengebet nach Jak 5 und mit dem Stachel im Fleisch des Paulus (2Kor 12,7). Anliegen dieses Buches ist, das Vertrauen zum heilenden Gott zu fördern, auch und gerade wenn er nicht immer so sichtbar heilend eingreift, wie die betende Gemeinde es sich wünscht.

Pb. • 488 S. • € 29,80
ISBN 978-3-937965-26-9
VTR • Gogolstr. 33 • 90475 Nürnberg
☎ 0911-831169 • info@vtr-online.de
http://www.vtr-online.de

www.ingramcontent.com/pod-product-compliance
Lightning Source LLC
Chambersburg PA
CBHW072159100426
42738CB00011BA/2470